Luis E. Martínez

DERECHOS DE PROPIEDAD GEOPOLÍTICA

Luis E. Martínez

ISBN-13: 978-1508811183
ISBN-10: 1508811180

Dedicatoria: a mis hijos Roxiré y Aldo

Índice

Derechos De Propiedad Geopolítica

Capítulo I

Resumen Autobiográfico

C reo que en mis libros ha estado faltando algo muy importante, y es dar a conocer un perfil público acerca de mi persona, donde el lector pueda tener una idea clara de quien escribe, principalmente en lo relacionado con el elemento espiritual y religioso, y al ambiente científico, lo cual considero muy necesario exponer, pues ello es fundamental ya que forma parte decisiva de mi vida personal y profesional.

Mis libros anteriores son:
La Máxima Lógica - subtitulado*: La Geopolítica Existencial En El Reordenamiento Del Sistema...* LML
Ataque Y Contraataque - subtitulado: *Quien No Lo Conozca Está Perdido...* A&C
Aberraciones Políticas: Como Evitarlas... AP:CE
*Perfección Geométrica De La Música: GePerfM.....*GePerfM

Todos estos libros han sido discretamente promocionados, sin obtener una respuesta relativamente esperada, sin aceptación ni rechazo, solo que poco leídos por un público específico, y al no cumplirse ciertos objetivos, seguiré insistiendo en sus contendidos variando algunas perspectivas y agregando nuevos detalles como en este caso.

Mis estrategias están orientadas como si se tratara de uno o varios planes, donde si no obtengo los resultados esperados con el primero, entonces pongo en marcha el segundo, y si con este tampoco consigo los objetivos, entonces aplico el tercero y así sucesivamente hasta conseguir los objetivos esperados.

La espiritualidad en mi está presente de manera decisiva desde que tengo uso de razón, y ello ha marcado toda mi existencia, incluso desde antes de tener conciencia de la biblia y la doctrina cristiana, y que luego fueron profundizándose con el conocimiento de esta y lo que podríamos llamar la *orientación divina*.

Nací el 23 de febrero de 1956 en El Paujil, una pequeña población venezolana cercana a Yaguaraparo en el Edo. Sucre, mis padres se separaron cuando yo era muy niño y me traslade con mi madre a El Tigre, una ciudad del estado Anzoátegui.

Cuando nací y lo hice dotado de una condición muy particular que me diferenciaban del resto de la gente, y es que nací con un bloqueo en la posibilidad de bailotear los ojos.

Las consecuencias de esto son obvias, un rechazo casi generalizado hacia mi persona por no cumplir con tan indispensable requisito para las relaciones humanas, en principio supuse que se trataba de una especie de virginidad con la que todos nacemos, pero del mismo modo que a la primera de cambio se desaparecía o desbloqueaba.

Pero ese no parecía ser mi caso, y hasta donde tengo entendido parece que de nadie más, por lo que comencé a asumir la exclusividad de mi pesada carga, la cual asumí con responsabilidad y entereza a pesar del rechazo o indiferencia colectiva.

Resulta irónico que mientras estuve bajo esa condición nadie me pregunto qué problema tenía yo en mis ojos, y del mismo modo yo tampoco le pregunte nadie sobre alguna referencia al respecto, ni encontré alguna referencia en ningún libro o comentario casual de la gente.

Creo que lo único que de alguna forma guardaba cierta relación con mi caso, son los comentarios que a manera de chisme, cuando se duda de la virginidad que aseveran de algunas mujeres no presentes en la reunión, a veces se responde con ironía burlesca: ¡será de los ojos¡.

Simultáneamente a mi condición de real o verdadera virginidad de mis ojos, igual nací dotado de una súperinteligencia, recuerdo que recién nacido miraba hacia todas partes y me decía a mí mismo: ¡guao, cuan inteligente soy!.

Siempre me intrigó saber cómo pude manejar la palabra inteligencia siendo apenas recién nacido, y del mismo modo como pude recordar ese acontecimiento desde tan temprana edad.

Gracias a mi súperinteligencia, pude mantener a raya o equilibrar las vicisitudes que se me presentaban como producto de mi mirada virgen, que aunque resultaba grotesco si se quiere mantenerme bajo esa condición, igual aprovechaba para mirar o analizar al mundo desde esa exclusiva perspectiva.

A quien pudiera resultarle algo fantasioso este relato, solo tendría que pedir referencia a prácticamente todo aquel que interactuó conmigo hasta los veinte y tantos años, cuando finalmente perdí la condición virginal de mis ojos.

Es bueno acotar que no trato de promocionarme a mí, sino en todo momento trato es de promocionar a Dios, y que algunos comentarios aparentemente jactanciosos, forman parte de esa intensión y que en todo caso los tales los hago Dios mediante y en fiel cumplimiento de la doctrina cristiana que establece:

2 Corintios 10: 18 Más el que se gloría, gloríese en el Señor; porque no es aprobado el que se alaba así mismo, sino aquel a quien Dios alaba.

Desprenderme de mi mirada virgen era factible con la sola intensión de hacerlo, o mediante la correlación con factores hegemónicos de gran magnitud, entre ellos otra inteligencia de igual o superior magnitud a la mía.

Si alguna vez hubiese tenido que enfrentar una inteligencia superior a la mía, en muy probable que en ese instante mi mirada virginal se hubiera deshecho, pero nunca me ocurrió esa eventualidad, aunque en ocasiones si sentí la necesidad de reforzar mi mirada ante algunas inteligencias y otros factores hegemónicos.

De todos modos mantener vigente mi mirada virgen no necesariamente dependía: ni de querer mantenerla, ni de las circunstancias, sino de la obligación que sentía de tener que mantenerla a toda costa.

Esto debido que desde que comencé a tener conciencia de mi factor virginal, sentía que una fuerza superior me recomendaba mantenerla, y que tal fuerza muy posiblemente provenía de Dios, y por algún motivo o propósito, para tal efecto fui escogido o creado.

Esto hacía que se me presentara la disyuntiva entre la intensión de deshacerme de mi mirada virginal, lo que igualmente equivalía a desprenderme de la carga ignominiosa que ello representaba o someterme a la prueba a manera de penitencia, recomendada por quien mediante fe, yo consideraba que era el propósito Dios.

Me resulto muy obvio someterme a la complacencia de Dios, lo cual para mí era suficiente, pero que de todos modos tal decisión era reforzada por el temor a los rigores de una eventual desobediencia, y de las consecuencias a terceros ante la posibilidad que mi misión o propósito pudiera estar relacionada con buenas nuevas para la humanidad o algunos factores y que un incumplimiento de mi misión sería muy contraproducente.

Las pruebas han sido extremas, y creo que en mayor o menor medida aún me encuentro sometido a ellas, pero que a pesar de los rigores como rechazo, ignominia, dolor, abstinencia de confort y de muchos placeres sanos que da la vida, etc., para mí no hay mayor placer que complacer a Dios.

Dentro de lo riguroso de las pruebas, ocasionalmente se me concedían, algunas solvencias operativas de confort, lo cual considero que eran una manera de calibración, como para mantener vigente mi hechura privilegiada o superior.

Y es que si no se tuviera un gusto natural por lo exquisito, sino por lo común u ordinario, no habría mayor rigor penitente en sufrir algunas vicisitudes. Por ejemplo: quien no ama, no sufre por el desamor, quien se acostumbra a una pobreza relativamente calamitosa, no siente mayor contrariedad por sus vicisitudes.

A pesar de lo riguroso de las pruebas, por lo general prefiero tenerlas como cosas de utilería, ya que teniendo a Dios de nuestro lado, pareciera una falta de confianza no solicitarle algún favor en caso que los rigores de los padecimientos o peligros lo ameriten, sobre todo si se tiene en consideración que Dios es amor.

A medida que fui conociendo a Dios y la doctrina cristiana en general a través de la biblia, fue creciendo mi identidad con lo sagrado, a la par de lo que consideraba eran inspiraciones, y generalmente mediante interpretación de todo aquello que me pareció eran señales, mensajes, claves, etc., que me eran comunicadas.

Igualmente fui asumiendo con mayor responsabilidad lo relacionado a la súperinteligencia que me habían otorgado, procurando identificar cuáles podrían ser los objetivos de mi eventual misión y la forma de acometerlos.

No obstante no recibir mensajes concretos de tener asignada misión alguna, igual me comportaba como si efectivamente tenía algo concreto, pues consideraba que con mi nivel de inteligencia no eran necesarios mayores datos para entender que había algo de compromiso de por medio.

Tratando de obtener mayores datos sobre mi condición que pudieran relacionarse con casos conocidos, conseguí que hubiera mucha coincidencia, pero no del todo con situaciones como el autismo y sus variantes el asperger y el savants, pero pueda que lo único común con todas estos casos es la súperinteligencia que generalmente les acompaña y algunas de sus características.

Igual podía experimentar de manera intencional y controlada algunos parámetros que acompañan a estos factores, como aislamiento de la realidad o entorno, todo esto con la intensión de buscarle una explicación lógica a sus casos y el mío.

Solo conseguí formularme una teoría sin mayor consistencia, donde establezco que la respuesta de un ataque o contraataque defensivo de algunos individuos muy inteligentes puede ser muy contundente, y se prefiere asimilar la ofensa, antes que lanzar un contraataque de consecuencias imprevisibles contra factores de relativa irrelevancia.

Este tipo de situaciones es lo que yo llamo discrecionalidad superlativa, y tomo como principal referencia, el hecho de cuando nuestro señor Jesucristo iba a ser crucificado, teniendo la posibilidad de pedir a Dios un ejército de ángeles que le protegieran, prefirió no hacer uso de ello y dejar que se consumara la crucifixión.

Para mí era de extrema importancia procurar salvaguardar en extremo la integridad de mi inteligencia, incluso sacrificando otros factores de suma importancia, como la memoria, destrezas y habilidades físicas (*entre otras*), y las consecuencias de esto.

Se trata de una correlación preferencial donde la interacción con cualquier otro factor, podría restar atributos a la inteligencia, a tal extremo que hasta podría convertirse en el factor principal operativo relegando a la inteligencia a un segundo plano.

Obviamente tuve que cuidarme mucho de ello pues consideraba a mi inteligencia excepcional y hasta divina, por tanto a manera de ejemplo, cuando tenía que esforzarme en hacer uso de mi modesta memoria, prefería descuidar la memorizaron, con tal de no ver afectada mi súperinteligencia.

Esto hace que yo no de mucho crédito de inteligente a quienes tienen una gran memoria, capaces de recordar con detalles muchos acontecimientos, los admiro por su gran memoria pues esta es una virtud, pero les reprocho cuando pretenden hacerse pasar como muy inteligentes solo por su gran memoria, ya que son factores distintos y actúan de manera inversamente proporcional.

Para superar los estudios era muy complicado, sobre todo para obtener buenas calificaciones, ya que me daba por enfrascarme en el análisis mental con criterio de amplitud del objetivo de estudio, más que en la asimilación de contenido como programa de estudio.

De esta forma si me tocaba estudiar una clase de física por ejemplo, sobre el movimiento uniforme y que por tanto su velocidad es contante, me ponía a pensar sobre o que podrían ser las distintivas variantes que intervienen en esos casos, luego de una hora de análisis recordaba que debía aprender para aprobar el examen, por lo que mi rendimiento académico no siempre era de los mejores.

En todo caso más que un modesto índice académico y superación de los diferentes niveles de estudio, por ejemplo: me interesaba más procurar conseguir una nueva o inédita perspectiva en la física que aprender lo que ya estaba creado.

Ese ímpetu por las innovaciones prácticamente guiaba mi camino, a la vez que todo iba enmarcado dentro de la doctrina cristiana, sobre todo a medida que la iba conociendo y que incluso llegué a considerarme como discípulo de nuestro señor Jesucristo.

Todo esto lo hacía de manera muy particular y discreta, dando prioridad a los rigores de mi penitencia, más que a un eventual trato considerado que generalmente se hace con quienes se dedican públicamente a prácticas religiosa en un ambiente donde predomina la religión cristiana.

Si bien hacía penitencia y pruebas muy rigurosas, me llama

especialmente la atención la forma en que era cuidado por Dios de no pasar hambre, pues en este particular sentía que me sería bastante difícil superar una prueba de este tipo y porque el hambre o ayuno severo es una prueba muy común para quienes se involucran en pruebas con criterio divino.

Entre los más significativo que consideraba, estaba el hecho que viviendo incluso en pobreza extrema, no recuerdo haberme acostado un solo día sin ingerir mis tres comidas diarias, pueda que en ocasiones no era muy abundante pero si suficiente, y que de paso sentía que la exquisita sazón de la comida de mi madre era como si tuviera magia en sus manos.

Pero de todos modos me cuidaba en extremo de no alardear de no pasar hambre, pues me parecía que al hacerlo, se me podía privar de tal privilegio y quedar expuesto a tener que pasar hambre y esta posibilidad me generaba pavor, no así y sin caer en ultranza, todas las demás pruebas a las que me he sometido.

Etapa Universitaria

Una vez completada la educación secundaria, conseguí matricularme en la carrera de ingeniería electrónica en el Instituto Universitario Politécnico De Barquisimeto, donde por lo menos me preocupe por aprender lo más básico de todas las materias que sirvieran a mis objetivos particulares.

Esto se hacía en un centro integral previo a la carrera que se tomaba, llamado Ciclo Básico Superior, de allí se pasaba a los recintos universitarios propiamente dichos, en realidad todos consideraban que el centro previo funcionaba más bien como un filtro para deshacerse de gran número de estudiantes que no podían atender los centros finales.

Conseguir una titularidad no lucia fácil, pues se exigía un alto índice académico para ello y muy pocos lo habían logrado, aparte de esto eran muy frecuentes la huelgas estudiantiles, lo que provocaba la prolongación del semestre y hasta su perdida.

Cundo llevaba a algún tiempo dando tumbos en electrónica, crearon la carrera de ingeniera en informática en la Universidad Centro Occidental de la misma ciudad de Barquisimeto, era la primera vez que en Venezuela impartían esa especialidad, y decidí cambiarme para informática.

En el primer semestre todo funcionó normal si se quiere, pero para el segundo ya no éramos suficientes para el mínimo necesario de alumnos, por lo que hubo que completar la clase con alumnos de ingeniería civil.

A partir de entonces, finalmente se me hiso insoportable estar perdiendo tanto tiempo, por lo que decidí posponer mis estudios mientras se estabilizaba la carrera.

Mientras tanto me dedique la pintura a oleo para sustentarme, gracias a mis conocimientos de dibujo y pintura, y al principio en asociación con unos colegas pintores. Era más que todo pintura con sentido comercial y en pocas ocasiones pintura artística.

Igualmente motivado al deseo de una mayor solvencia económica, ajustada o lo que considere mis capacidades intelectuales, y resultándome difícil adaptarme a una situación socioeconómica muy inestable, decidí procurar una innovación científica que me pudiera dar esa pretendida solvencia.

Para ello me base en la posibilidad de conseguir algún método que me permitiera componer música de una manera muy sencilla, baipaseando los estándares tradicionales, pues tenía una fuerte convicción de que ello era posible, y que en ese tiempo había leído mucho sobre matemática de la música.

Tras una o dos semanas de lo que era mi primera investigación si se quiere formal, vislumbré algo que me pareció bastante más significativo de lo que buscaba, incluso me pareció una formula básica de la música, casi no daba crédito a lo que había descubierto.

Una formula o método que permitía componer música con la seguridad que tal composición, sería del agrado del oído y la mente humana, y del mismo modo permite distinguir porque algunas melodías son más agradables que otras.

Esa misma noche ante la impresión por lo descubierto, aunado a una serie de acontecimientos sin mayor importancia, pero que en conjunto me generaron una leve crisis de nervios o psicosis, entre ellas la posibilidad de un inminente terremoto, tras escuchar insistentes ruidos de animases fuera de lo normal.

Fui auxiliado por amigos de residencia que me ayudaron a relajarme, pero igual no pude conciliar el sueño durante toda la noche, estuve muy exaltado durante el día siguiente, por lo que decidí pernoctar en otro sitio, a tal efecto fui donde un amigo de los que pintábamos en un tiempo, y accedió a darme alojamiento compartiendo una cama tipo litera.

Combate Contra Satán

Ocupe la parte superior de la litera, pero no podía conciliar el sueño como producto de insistentes ladridos de perros que se encontraban cercanos, y ruido de pisadas de gatos en el techo que era de metal corrugado.

Para tratar de ahuyentar a los gatos, tome una vara de madera de la que se utilizan para fijar las telas de lienzo como bastidor de los cuadros de pintura.

Puesto que el techo quedaba relativamente alto, me pare sobre el colchón y tan pronto doy un golpe en el techo para ahuyentar a los gatos, siento un especie de descarga eléctrica a través de la vara y simultáneamente un golpe como de patada que venía de la parte baja de la litera.

Acto seguido doy un salto hacia el piso cayendo de pie, y contemplo la terrible figura de mi amigo transfigurado en un ser de apariencia diabólica, que para mis efectos se trataba de la toma o posesión del cuerpo de mi amigo por el mismísimo diablo o Satán.

Vara en mano y apuntando hacia la terrible y amenazante entidad, le gritaba con insistencia y lleno de pánico: ¡quieto¡, ¡quieto¡, ¡quieto¡, tuve que sacar fuerzas extraordinarias para poder sostenerme de pie y en combate.

De alguna manera entendí o interpreté que se trataba de un ataque y a la vez una prueba donde debía demostrar mi fidelidad hacia Dios, y mi poder o categoría como figura relevante de la fe.

Al ver a dicho ser tuve simultáneamente dos impresiones, una de relativa admiración de ver a lo que parecía un individuo de gran personalidad y al mismo tiempo horrorizado por ver tanta maldad concentrada en un solo ser.

Pueda que la momentánea admiración se bebió a la admiración que se siente en ocasiones a ver a una persona de real o relativa de muy gran importancia, y porque al fin y al cabo los ángeles son de hechura ligeramente superior a los hombres.

Salmo 8
4. Digo: ¿Qué es el hombre, para que tengas de él memoria, Y el hijo del hombre, para que lo visites?
5. Le has hecho poco menor que los ángeles, Y lo coronaste de gloria y de honra.

Pero en este caso se trataba de un ángel caído, por tanto demacrado, sobre todo si se tiene en cuenta que se trata de un delincuente con un milenario prontuario de maldades.

Aparte de la patada en la litera y la agresión que de por si representaba su imagen, también me miraba de manera prepotente, como subestimándome tratando de sembrarme sentimientos derrotistas, pero gracias a mi confianza en Dios y sobremanera en ese momento pude seguir dando batalla.

Pueda que lo peor fue en un momento cuando intento embargarme una sensación derrotista de rendición y acobardamiento, pensando que si me rendía ante tan terrorífico atacante, tal vez no me haría eventual daño, por lo que tuve que sacar más fuerzas aun para sobreponerme.

Ello era como en las competencias de levantamiento de pesas del tipo arranque y envión, que consiste en un primer momento llevar las pesas hasta la altura de los hombros, y luego llevarlas hasta lo más alto posible y procurar mantearlas un máximo de tiempo lo cual define al ganador de la competencia.

Mientras le gritaba ¡quieto! insistentemente y sin rendirle la mirada, sentí que debía definir la situación de manera urgente, pues la extrema exigencia que hacía de mis fuerzas, tendrían un límite y podía quedar en franca desventaja respecto a la fuerza que sentía debía sostener.

Pensé en abalanzarme a todo riesgo contra la entidad, y sentí una paz y alegría indescriptible tras eventualmente darle de baja, pero finalmente desistí de ese contraataque, pues algo me decía que ese objetivo no era para mí.

Apocalipsis 20
1. Vi a un ángel que descendía del cielo, con la llave del abismo, y una gran cadena en la mano.

2. Y prendió al dragón, la serpiente antigua, que es el diablo y Satanás, y lo ató por mil años;

3. y lo arrojó al abismo, y lo encerró, y puso su sello sobre él, para que no engañase más a las naciones, hasta que fuesen cumplidos mil años; y después de esto debe ser desatado por un poco de tiempo.

Si bien no me abalancé sobre la entidad, igual tenía que hacer algo urgente, pero en ese instante mientras deliberaba la decisiva opción a tomar, pude notar que Satán había desistido de sus propósitos agresivos atenuando su mirada en señal de rendición, de esta manera di por terminado el combate y procure ganar la calle.

Como pude conseguí encender la luz de la habitación, y de igual manera tomé las llaves de la puerta que daban hacia la calle, una vez fuera espere a ver que podía pasar, además que me encontraba en shores, y necesitaba mi ropa y zapatos.

Acto seguido mi amigo se asoma a la puerta, y lo noto somnoliento así como entre dormido, y le pregunto el porqué de la agresión, pero manifestó no saber sobre que le preguntaba, le dije que no se hiciera el desentendido, pues lo acababa de ver transfigurase en una figura horrible.

Ante la negativa de mi amigo sobre lo sucedido, preferí no insistir y le pedí que me alcanzara mi ropa y zapatos, los buscó y le pedí que los colocara a varios pasos de donde él se encontraba, aun con la vara en mis manos, lo apuntaba mientras me ponía la ropa y zapatos.

Seguidamente procure ir a uno de esos sitios que permanecen abiertos las 24 horas, pues me encontraba bajo un gran delirio de persecución tras lo sucedido, y pensé que en medio de varias personas me sentiría algo más calmado.

Efectivamente fue así y tan pronto amaneció fui a reunirme con gente conocida, y tras contarles lo sucedido, algunos llamaron a mis familiares, quienes acudieron con prontitud a buscarme y al cabo de uno o dos días ya estaba en consulta con un psiquiatra.

Antes de reunirme con algún conocido, pues aun era casi de madrugada, y además llovía ligeramente, me refugié bajo un sitio techado y para relajarme un poco me puse a trotar de manera estacionaria, y sorpresivamente noto que la intensidad de la lluvia se sincronizaba con la intensidad de mi trote, y sentí algo de temor, por lo que inmediatamente deje el trote estacionario.

Eso me hiso pensar en la leyenda sobre unas tribus indígenas norteamericanas, las cuales en épocas de sequia, generaban lluvia bailando la llamada *danza de la lluvia* y la posibilidad que efectivamente exista una relación al respecto.

Al cesar la lluvia, decidí trotar nuevamente pero dando una vuelta a la manzana de enfrente, la cual era muy espaciosa pues estaba allí una gran institución educativa, cuando ya casi terminaba de rodear esa manzana, oigo que una especie de pequeña subestación eléctrica que había al frente comenzaba a vibrar y con mayor intensidad según me acercaba.

Me retiraba y acercaba un poco para confirmar si esas vibraciones tenían algo que ver conmigo, y concluí que efectivamente era así, en eso decido cruzar hacia la acera contraía de esa amplia avenida por donde pasaba y en veloz carrera me aleje del lugar.

Todo esto hiso aumentar mi angustia sobre lo que me pudiera estar pasando, y me llenaba de todo tipo de elucubraciones, pensado incluso que con mi descubrimiento había activado una especie de *dimensión desconocida*.

La consulta con el profesional estuve dentro de lo si se quiere bastante normal, pues el insistía que lo mío seguramente era cuestión de drogas, pero no lo que textualmente le relaté, mientras que yo no hice mayor empeño y demostrarle lo contrario, pues mi mayor preocupación era que me recetara con prontitud un medicamento con que calmar mis nervios.

El médico me recomendó que aplazara los estudios por dos o tres años, y eso hice, pero igual seguí adquiriendo conocimientos al máximo nivel, aparte de los que yo mismo creaba. Además me recomendó realizar algunos trabajos suaves, y buscar pareja.

Seguidamente expongo la referencia expuesta en mi libro Perfección Geométrica De La Música: GePerfM sobre los orígenes de lo que luego bauticé como GePerfM.

Orígenes Del GePerfM

El GePerfM nació tras la búsqueda de una opción matemática que permita componer música de una manera más sencilla y precisa que las existentes, para tal fin utilicé como muestras de ensayos exploratorios algunos trozos de música exitosa de mayor sensibilidad según mis apreciaciones.

El trabajo se hiso mediante la graficación informal o no precisa en un primer momento en el plano de coordenadas, de una relación grafica entre las frecuencias de las notas y el tiempo de duración de cada una de estas, vislumbrándose la existencia de una proyección de notas y sus tiempos ubicadas en una misma recta pendiente según asciendan o desciendan.

En ese primer momento no di mucho crédito a la posibilidad que dicha relación grafica pudiera resultar significativa como para establecer con propiedad que se trataba de algo determinante en la música, pues parecía poco probable que algo tan sencillo, no haya sido advertido y establecido en gran manera con anterioridad, pero aun así: tal hecho me llamó poderosamente la atención y procedí a realizar revisiones y comprobaciones más precisas.

Efectivamente al ensayar bajo parámetros y escalas de frecuencia y tiempo de manera rigurosa, la relación de rectas pendientes casi desaprecian por completo, pero siguió llamándome la atención ese tipo de relación: entonces procedí a revisar la posibilidad de eventuales fallas, no de la graficación, sino de los estándares u orden convenido sobre las frecuencias y los tiempos de notas.

En este particular pude comprobar que las relación de recta pendiente efectivamente podría existir, pero se hacía casi inadvertida motivado al orden convenido de los tiempo de nota, ya que con este tipo de orden sería mucha coincidencia obtener un resultado grafico de rectas pendientes de manera significativa, y en caso que la hubiera, se corría el riesgo de subestimar la posibilidad de establecer algún patrón musical, entre otras circunstancias porque tal hecho sería algo casual y muy aislado.

Del mismo modo al no existir una recta pendiente determinante, sería menos posible aunque existan rectas pendientes paralelas a ella, además que según los criterios convenidos de una creación musical, no siempre existe la posibilidad de establecer rectas de una pendiente significativa como para notar su presencia.

Luego de esto, ejecutando música exitosa, flexibilizado los tiempos de notas de una manera que los tiempos coincidan lo más cercanamente posibles con lo que sería la recta pendiente que aplique según el caso, pude notar que el sonido resultante era incluso de un contenido musical más llamativo que el original escrito con notación tradicional. De esta manera puede decirse también que aplicó algo del fenómeno relativamente casual conocido como **serendipia** *en el desarrollo y o descubrimiento del GePerfM.*

Esta técnica de flexibilizar las notas de tiempo de algunas composiciones de manera que ofrezcan una sensación armónica más llamativa que la escrita en los pentagramas, podría ser la utilizada intuitivamente por algunos virtuosos instrumentistas de la música, pero que con el GePerfM se puede componer específicamente guardando la correlación natural entre las matemáticas, el sonido y la mente. Perfección Geométrica De La Música: GePerfM.

32 años como información clasificada

El GePerfM nació a mediados de abril del año 1980, cuando yo contaba con 24 años de edad e incluso me encontraba en los inicios de la carrera de ingeniería en informática, y para entonces

*no se había popularizado esta especialidad, sino hasta poco
después cuando aparecieron las computadoras personales (PC).
pueda que para la época el GePerfM se haya dado a conocer solo
en forma de libro y para ser aplicada de forma manual y tal vez de
forma informatizada para el selecto grupo que para la época ya
estaban muy sumergidos en dicho medio.*

*Por motivos de fuerza mayor, no fue sino hasta mediados del
año 2012, cuando me decido exponer a luz pública dicho
desarrollo o descubrimiento, y finalmente expuesto a principios
del 2014, cuando para entonces ya la informática y computación
en general, se encuentran arraigadas en casi todos los factores y
variables de la existencia humana.*

*Durante los 32 años que decidí mantener al GePerfM como
"información clasificada", también decidí no profundizar en la
adquisición de conocimientos sobre algunos factores relacionados
con el, tales como teoría de la música, geometría, programación
etc., aunque no dejaba de procesar aquellas ideas relacionadas
con el que inevitablemente se cruzaban por mi mente.*

*Estas ideas tenían que ver principalmente con la composición,
pero no mediante la utilización practica con papel o
computadoras, sino mediante proyección mental de las melodías,
pero solo hasta allí, pues tampoco me ocupé de dejar algún
registro de tales creaciones, y puedo decir que al menos en mi
caso, la mejor manera de crear música con el GePerfM es
mediante la proyección mental de la relación grafica que de él
deriven y luego perfeccionar tales proyecciones mediante forma
práctica con el uso papel o computadoras.*

*Para la proyección mental resulta muy significativo el papel
que juega o debe jugar la silaba énfasis en el armado de la
melodía, esto permite ganar mucho tiempo, y trabajar con gran
precisión musical, así no se tenga mayor conocimiento sobre las
variables musicales y de tiempo que actúen al respecto, lo cual es
algo muy parecido a la dinámica que utilizan los llamados músicos*

de oído, solo que con el GePerfM se actúa en base a una matriz que incluso podría representar de manera concreta el orden natural de la correlación entre la mente, el sonido musical, y las matemáticas.

Aparte de las ideas sobre el GePerfM que inevitablemente se me cruzaban por la mente, también me dediqué a realizar una serie de investigaciones sobre ciencias puras y aplicadas y a escribir algunos libros, en parte: relacionados con algunas de esas investigaciones, pero cuidando en todo momento de mantenerme al margen de profundizar sobre el GePerfM y fue solo cuando finalmente me decidí a publicarlo, que me dedique a profundizar en conocimientos a nivel suficiente que permitieran exponerlo al menos de una manera básica. Perfección Geométrica De La Música: GePerfM

No fue sino pasados unos 32 años cuando me decido dar a conocer mi descubrimiento, antes no lo había hecho por motivos religiosos, pues entendí que renunciar durante algún tiempo a la posibilidad de obtener provecho económico, será una buena oportunidad para demostrar una fidelidad requerida.

O sea: antes de realizar el descubrimiento, pasaba necesidades porque no tenía más alternativa, pero seguir pasándolas teniendo aparentemente la posibilidad de disfrutar cierta holgura mediante el provecho que pudiera obtener del GePerfM, ya era distinto.

Para ello me basaba entre otros, en postulados de la doctrina donde indican en:

Marcos 8
36. Porque ¿qué aprovechará al hombre si ganare todo el mundo, y perdiere su alma?
37. ¿O qué recompensa dará el hombre por su alma?
38 Porque el que se avergonzare de mí y de mis palabras en esta generación adúltera y pecadora, el Hijo del Hombre se

28

avergonzará también de él, cuando venga en la gloria de su Padre con los santos ángeles.

Mi problema con los nervios no terminaron con el tratamiento que me indicó el psiquiatra, y luego un psicólogo sino que se me profundizaron, pues comencé a padecer unas horribles pesadillas que en ocasiones hasta me despertaba en medio de gritos de pánico.

Del mismo modo seguí combatiendo contra el Satán en esas pesadillas, e igualmente siempre yo salía victorioso, pero en los sueños uno no tiene control de la voluntad como cuando se está despierto, lo que hace muy angustiante la situación.

Pero las vicisitudes no se limitaban solo a los terribles sueños, sino también a la incertidumbre entre mi cuerpo exigiéndome la extrema necesidad de dormir, y a la vez mi voluntad procurando en extremo evadir dormir para no encontrarme con las pesadillas.

Luego en medio de las pesadillas, en la medida de lo posible procurar tener algún control sobre la voluntad de evadirlas despertándome, esta incertidumbre se agravaba en la medida que conseguía dormir solo un poco de tiempo, pues aun seguía con fuerte necesidad de dormir.

La falta de sueño y el temor por las pesadillas me mantenida en un estado fuertemente deprimido, aunado a dolores de cabeza y dificultad de fijar a mirada, que en conjunto me resultaba muy complicado interactuar con le gente. Aun así prefería seguir sometido a las pruebas.

Sin Mirada Fija Y Con Bailoteo

Una vez estando en un centro comercial, ya casi no me podía sostener de la angustia generalizada, cuando de pronto hice memora sobre mi mirada virginal, y tras un serie de deliberaciones, consideré que estaban agotados los extremos como para deshacerme de ella.

Tome la decisión de desprenderme de ella de manera controlada, y decidí regresar a casa para tal propósito, pero en el trayecto del centro a casa, comencé a sentir que se desprendía por sí sola, y opte por hacer un esfuerzo por tomar el control sobre ese hecho según que me había propuesto.

En una especie de forcejeo entre mi voluntad y la opción externa, inexorablemente se me desprendió la virginidad visual, fue como una especie de explosión de la carga acumulada y sentí que no podía sostenerme al contemplar aquella perspectiva tan grandiosa.

Tal fue mi impresión que la única forma de poder controlarla fue solicitar el auxilio de Dios, y pegué un fuerte grito en mi mente, ¡Diosssssssssssssssss¡ y de esa manera Dios en mente, conseguí atenuar mi mirada según el ambiente.

Acto seguido sentí que mi mirada atenuada se bifurcaba junto a otra mirada imprecisa, al tiempo que sentí una especie de deliberación entre un factor adverso que le argumentaba a un factor aliado de tipo divino, que mi virginidad de seguro la sostenía con desdén, y que como prueba de ello, una vez desaparecida, sin ton ni son procuraba aferrarme a la aceptable nueva perspectiva del baileteo de ojos.

Decidí contrarrestar los reproches tomando la decisión de preferir la perspectiva imprecisa como sinónimo de fidelidad a Dios y ratificación que el deseo que defender mi virginidad fue por motivos de devoción y de aferrarme a lo que sentí era lo correcto.

La nueva perspectiva me resultó como un laberinto donde conseguir la salida podría llevarme muchos años y efectivamente ha sido así, una especie de lucha de relativa intensión en pretender rescatar la perspectiva atenuada, pero esta apenas la vislumbro ocasionalmente y de manera muy evasiva.

De todos modos con la mirada con baileteo, representó el requisito aceptado por la gente, lo que hiso que aumentara considerablemente la aceptación, donde alguna que otra incompatibilidad es tomada como un problema como cualquier otro.

La lucha entre las perspectivas me generaban fuertes contracciones del nervio ocular, que en ocasiones pareciera como cuando se trata de exprimir un trapo y se retuerce fuertemente para sacarle toda el agua, y esto obviamente era una situación muy dolorosa.

Los rigores de la prueba como siempre, los sobrellevaba con una esmerada altivez en el cumplimiento abnegado de ellas, y era algo automático sin mayor preocupación por su eventual desistir, ante la relativa incertidumbre de continuar o parar, prefería continuar, casi sin importar lo riguroso que pudieran ser.

En la medida de lo posible procuraba sobrellevar mi carga con gran disimulo ante la gente, pues consideraba que lo mío era algo muy personal, o si se quiere algo exclusivo entre Dios y yo, pues de todos modos se necesita de Su ayuda para sobrellevarlas. Todo era muy parecido a como dice el refrán: *la procesión va por dentro.*

Con la ayuda de los medicamentos y mi propio esfuerzo comencé a dormir con relativa mayor tranquilidad ya que las pesadillas eran menos frecuentes, del mismo modo procure realizar alguno que otro trabajo que no requiriera mayor esfuerzo.

Luego sentí la necesidad de conseguir pareja y procrear hijos, efectivamente me case y del matrimonio nacieron un varón, una hembra y un tercer embarazo concluyó en aborto.

Estuve un año trabajando en Caracas como técnico en autorradio, y si bien todos los fines de semana viajaban a ver a mis hijos, consideré que debía dedicarles más tiempo y me regresé a El Tigre, donde igual seguí trabajando en autorradio y luego trabajos independientes en electrónica.

Mientras estuve en Caracas, a la hora del almuerzo un compañero de trabajo me sugiere que le acompañe a realizar una diligencia, y acepto, pero en el camino noto que siento una fuerte hambre, le sugiero que primero fuésemos a almorzar y luego a la diligencia.

Mi compañero insiste en ir primero a la diligencia y yo a almorzar, con lo que me reclama o pregunta de una manera desconcertante si era que yo nunca había pasado hambre, la forma en que me lo pregunto me desconcertó mucho, pues recordé que en realidad nunca había pasado hambre.

Lo primero que se me ocurrió fue decir que era obvio que si había pasado hambre, ¿que quien era ese que nunca había pasado hambre?, no recuerdo cual fue mi decisión, pero sí recuerdo que me propuse a partir de ese momento ser más cuidadoso o circunspecto en las interrelaciones que tengan que ver con comida u hambre.

Milagro De Dios

A partir de un tiempo, los dolores de cabeza se me tornaron más recurrentes y a veces se me hacía muy difícil soportarlos, hasta que una noche sentí que no tenía más fuerzas para soportarlos, e igual una especie de cuenta regresiva donde sentí que debía solicitar la ayuda oportuna de Dios o de lo contrario perecer.

La cuenta regresiva era del tipo que yo llamo *digitalización forzosa*, donde se hace necesario obligatoriamente tomar una decisión, y a medida que avanzaba se tornaba del tipo *microcronológica*: 12, 11, 10,9,,, bajo extrema angustia de muerte me levanté de la cama y de rodillas en el piso comencé a implorar a Dios por mi vida.

Con los brazos levantados, los ojos llorosos, las manos en señal de súplica y procurando la mayor fe posible, pedía a Dios que se apiadara de mí, y efectivamente se detuvo la cuenta regresiva, al tiempo que comencé a retomar el control sobre mí, con lo que entendí que un milagro en mí se había consumado.

En medio de gran alegría daba gracias a Dios por el favor recibido, y opte por despertar a mi esposa y le pedí que igual despertara y llamara a los niños, tomé un poco de agua fría y también me eche otro tanto sobre mi cabeza para relajarme y como especie de bonanza.

Esto es igualmente importante pues, se hace necesario un milagro de este tipo para lograr la justificación o santidad de parte de Dios y la liberación de pecados.

El tipo de penitencia que se nos exige a algunos es muy rigurosa y en algo distinta a otros, pues no es como un tiempo que se exigía ofrendar los mejores frutos o primicias de las cosechas y lo mejor del rebaño del ganado, sino que se nos exige es *sacrificio vivo*, incluso enfrentando casi todo tipo de peligros, a veces hasta arrostrar la muerte.

A los pocos días sentía que los dores de cabeza continuaban y quise preguntarme sin mayor animo de duda, que clase de milagro es ese donde seguía sintiendo fuertes dolores, pero no terminé de pensar en ese supuesto, pues entre en cuenta que pedí fue por mi vida, mas no por los rigores de mi penitencia o prueba que es otra cosa.

Etapa Petrolera Y Cuenta Propia

Luego de esto conseguí emplearme en la industria petrolera, sobre todo en el área de instrumentación, primero en una empresa de mud logging del área de perforación, que trataba sobre el análisis y registró de los lodos o material geológico que fluye de las perforaciones petroleras.

33

Me llamo la atención conocer sobre cromatografo de gases y cromatografías y sobre data aquisition, que es un instrumento o equipo que recibe señales analógicas de los instrumentos y las convierte en señales digitales, para de esa manera ser procesadas por las computadoras.

Luego conseguí empleo en el área de producción, principalmente en mantenimiento de válvulas petroleras, allí me llamó la atención las válvulas actuadoras, que consisten en un mecanismo de cierre y apertura automática para los casos donde ocurra una avería aguas abajo, mediante el cierre por motivos de seguridad detiene el flujo de fluidos.

También me llamo la atención las válvulas reguladoras de presión diferencial, estas son utilizadas para medir el flujo de gas o petróleo, mediante la presión diferencial entre la entrada y la salida de fluidos y el registro que hace de ello en un registrador gráfico.

Finalmente terminé mi ciclo en la industria petrolera como supervisor de instrumentación y electricidad, donde me llamo la atención el uso de relés secuenciales, para el control automático de sistemas de producción.

Luego de esto me dedique al negocio de computación e informática durante algún tiempo y mantenimiento de equipos médicos, ahora comparto la escritura, la investigación y el negocio de cámaras de video vigilancia.

Todo esto ajustado a mi permanente penitencia, y la adquisición de conocimientos y experiencia necesarios para mi parte de investigación científica y tecnológica, correlacionando la parte técnica con la humanista.

Inicios Como Escritor

Por esa época ya estaba dando mis primeros pasos como escritor, aunque en realidad más como investigador o científico que publica sus novedades a través de los libros.

En este orden de ideas sentía mi mente abarrotada de ideas científicas, políticas y religiosas, entre otras, que me angustiaban sobremanera y decidí que la mejor manera de aliviar tanta carga era descargándolas en un libro.

Fue cuando comencé a escribir La Máxima Lógica, el cual tardé unos cuatro años en terminar, lo escribí de una manera más hacia lo particular, que siguiendo las normas convencionales de escritura, lo que hacía que se parezca como un rompecabezas armado por secciones, donde el lector deba buscar la forma de encajarlas para el armado completo.

Y es que en parte se trata de eso, pues para obtener las mejores cosas, generalmente se requiere de un arduo trabajo de búsqueda, refinación y sobre todo mucha paciencia. Para conseguir oro se hace necesario adentrarse en las profundidades de la selva y de las minas, luego refinarlo, y finalmente forjar una preciosa joya.

Para obtener el combustible y los plásticos que necesítanos día a día, se hace necesario explorar en búsqueda de petróleo, luego extraerlo, refinarlo, moldearlo y finalmente darle uso necesario.
De esta manera están hechos mis libros, no es que expongo todo de una manera suficientemente fácil de entender o armar, sino que se hace necesario disponer de suficientes conocimientos e inteligencia, para descifrar el contenido ideal que procuro exponer.

Tampoco es que el mensaje final va dirigido solo a los más capacitados intelectualmente, sino que en virtud de los más capacitados, luego el mensaje sea depurado y llevado a los menos capacitados según su nivel intelectual, idiosincrasia y lengua o dialecto.

Es más o menos parecido a la predica de la fe, pues se procura que la gente crea en algo que no se ve, donde aún esa aparente incertidumbre, efectivamente algunos consiguen creer, mientras que otros no.

En el caso de mis libros, la incertidumbre real o aparente, aplica solo para los menos capacitados, mientras que la información avanzada aplica para los más capacitados de la forma común y corriente en el quehacer de ellos.

Esto no es cosa extraña, pues resulta muy común en todo el mundo que quienes no tengan capacidad intelectual para entender algunas materias que se imparten en por ejemplo un universidad, no podrá entenderla, mientras que otros la entienden porque si la tienen y otros incluso las imparten de manera muy denodada.

Contacto Con Dios

Mientras comenzaba a escribir La Máxima Lógica, estando en casa, de repente siento que en mis pensamientos había otro pensamiento más, distinto al mío, que se comunicaba conmigo y por la majestad de esa voz y la fortísima impresión que sentía de amor y temor, entendí de buenas a primera que se trata de Dios hablándome dentro de mi mente o pensamientos.

No recuerdo textualmente lo que me decía, pero sí recuerdo que me daba a entender que mis pensamientos o mi manera de pensar eran los correctos, y que también o por tanto eran de su aceptación, igual contacto ocurrió al día siguiente, y en ambos casos la impresión y mi temor me impedían establecer algún dialogo.

Esto representó un gran alivio para mí, pues en parte despejaba cierta incertidumbre sobre mi condición espiritual, y era que a falta de una clara declaración formal, no me parecía muy conveniente ejercer como perteneciente a ciertos niveles o dones espirituales, por muy abnegada y precisa que haya sido mi vocación espiritual.

Antes de eso siempre me hacía conjeturas sobre que yo no necesitaba mayores evidencias ni comunicados, pues con mi inteligencia era suficiente para entender lo que debía hacer y efectivamente en esa dirección fue el mensaje de Dios todopoderoso, pero una cosa son conjeturas, las cuales en algunos casos son muy válidas y otra es recibir el mensaje directo y la oficialización o confirmación de parte de Dios.

En todo caso tratando de buscar coincidencias que pudieran servir a mi identidad espiritual, siempre me llamo la atención lo relacionado con el don de apostolado, como indican en corintios entre otros:

1 Corintios 4:
9. Porque según pienso, Dios nos ha exhibido a nosotros los apóstoles como postreros, como a sentenciados a muerte; pues hemos llegado a ser espectáculo al mundo, a los ángeles y a los hombres.

De esta forma si ante los demás parecemos ser algo sin valor e ignominioso, pero nuestra mayor satisfacción es simultáneamente y dentro de lo aparentemente peyorativo, brindar ante los ojos de Dios, un espectáculo de máxima categoría, dotado de suma inteligencia, elegancia, glamour, etc.

En todo caso acepto mi condición espiritual con suma humildad sea cual fuese mi caso. Es bueno recordar que el don de apostolado no se le concede solo a los 12 seleccionados personalmente por nuestro señor Jesucristo y el apóstol Pablo es el más renombrado ejemplo de ello.

Etapa De Delirios Y Psicosis

En los inicios de esta etapa estuvieron muy activas vicisitudes de la parte espiritual, sobre todo a través de los nervios, pues sentía que recibía indicaciones divinas según el grado de alteración de estos, era a veces como una especie de estados ocasionales de delirio o psicosis, donde las instrucciones se hacían rigurosas según las alteraciones nerviosas o delirios.

A medida que sentía con mayor fuerza las alteraciones nerviosas, igual sentía que se hacía más apremiante cumplirlas, a la vez que mi ímpetu por sobrepasarlas me daba más valor para sobrellevarlas,

Todas o casi todas las vicisitudes eran muy particulares y a veces relativamente extravagantes, pero en parte se trata de eso, someterse a actitudes algo fuera de lo común, como algunas situaciones ignominiosas, negarme a mí mismo, y estando muy consciente de ello, atreverme a superarlas

1 tesalonicenses 3
3. a fin de que nadie se inquiete por estas tribulaciones; porque vosotros mismos sabéis que para esto estamos puestos.

En ocasiones el solo decisivo atrevimiento, es suficiente para que desde la divinidad la den por superada y ordenan abortar la misión, mientras que otras se hace necesario concluirlas.

Génesis 22
9. Y cuando llegaron al lugar que Dios le había dicho, edificó allí Abraham un altar, y compuso la leña, y ató a Isaac su hijo, y lo puso en el altar sobre la leña.
10. Y extendió Abraham su mano y tomó el cuchillo para degollar a su hijo.
11. Entonces el ángel de Jehová le dio voces desde el cielo, y dijo: Abraham, Abraham. Y él respondió: Heme aquí.
12. Y dijo: No extiendas tu mano sobre el muchacho, ni le hagas nada; porque ya conozco que temes a Dios, por cuanto no me rehusaste tu hijo, tu único.

Homenaje A Los Animales Del Arca De Noé

En una ocasión llegué a casa pasada la hora de almuerzo, y ya todos habían salido para el trabajo o el colegio, por lo que debía de comer solo, lo cual no es mi costumbre, cuando me disponía sentarme a la mesa, sentí en mi mente que algo así como *mis supervisores divinos* me preguntaron sobre si tenía memoria del caso donde fueron salvados los animales en un arca, junto al justo Noé y su familia, al tiempo que la humanidad pecadora perecía en una inundación producto de un gran diluvio.

A esto respondí que efectivamente recordaba sobre ese caso, a lo que mis supervisores me indicaron que si estaba dispuesto a realizar un homenaje que tenían preparado a esos animales y al justo Noé, a lo que les respondí que si estaba dispuesto.

Me indicaron que el homenaje consistía en comer imitando a algunos animales que me indicarían y no obstante estar consciente de lo extravagante de lo que me exigían acepte sin titubear, no recuerdo exactamente en orden que me iban nombrando cada animal.

Pero creo que el primero era el conejo, por lo que comencé a comer como si fuera un conejo, haciendo los movimientos que generalmente hace un conejo con a boca, la cabeza y los ojos, luego me indicaron que comiera como un caballo, gato, etc., y así hice.

Mis custodios parecían disfrutar del espectáculo el cual les parecía muy jocoso, y hasta parecía que hacían mofa de ello, a lo cual yo procuraba irles por delante y le ponía mayor entusiasmo a mi tarea, con lo que consideraron que mi actuación la hacía con la mayor responsabilidad y devoción y decidieron retraerse de la supuesta mofa y se enseriaron algo.

Acto seguido siento que uno le pregunta o hace conjetura al otro, como extrañándose que nunca habían visto comer a un animal con cubiertos, el otro le responde que efectivamente tampoco nunca había visto eso, por lo que me conminaron a que debía de comer de una forma más representativa: solo con las manos y de ser necesario, rugir si los animales indicados lo ameritaban.

Luego de aceptar me indican que el siguiente animal era el tigre, por lo que coloqué los cubiertos a un lado y preparo los brazos y las manos como si fuesen garras y las coloco sobre el plato, el cual contenía pescado, y comienzo a desgarrar con la boca directamente al pescado en el plato, mientras emitía rugidos como de tigre.

No obstante saber que no había más nadie en casa, de todos modos miro hacia los lados como para mayor seguridad, pues pensé que si alguno de mis familiares me veía en esa situación, lo menos que podía pensar sería algo así como: *ahora si fue verdad que lo perdimos,* luego sigo comiendo y rugiendo simulando los distintos animales que me indicaron, otros fueron león, cocodrilo, pájaro, perro, etc.

Luego me indicaron que los animales no escatiman nada que les resulte provechoso, incluyendo la cabeza del pescado, por lo que comencé a devorar la cabeza del pescado, en eso pienso que si me lastimo la boca con una espina o algún hueso, podría ser tomado como falta de fe, por lo que traté de comer con la mayor confianza haciendo énfasis que tal posibilidad no ocurriría y así fue.

Una vez terminada la comida dieron el acto por concluido, y me retiré de la mesa con la satisfacción del deber cumplido, luego de eso tuve otras experiencias influenciadas mediante sicosis, pero casi todas muy personales, por lo que prefiero reservarme su contenido.

El Joven Mendigo

Los casos interpersonales fueron muy pocos. Entre otros me atrevería a mencionar el hecho donde sentí la necesidad de dar lo que parecía una especie de lección a un joven que casi a diario pedía dinero a la salida de una panadería donde yo frecuentaba tomar café, para ello debía llevar conmigo suficiente dinero para mostrar al joven según las instrucciones que me dieran.

A los pocos días sentí que al momento que el joven me pidiera dinero, le debía mostrar el dinero que yo cargaba y mientras hacía las veces de contarlo, de dijera que aparentemente no cargaba dinero para darle pues el que tenía, mientras se lo mostraba, era para gastarlo en festejar.

Efectivamente así fue, al encontrarme con el joven y pedirme dinero, le hice tal cual debía hacer: le mostraba el dinero mientras lo contaba y le decía que no podía ofrecerle nada porque solo tenía dinero para irme de fiesta, a lo que el joven se mostraba de forma muy desconcertada por mi actitud y tal vez también por la suya de rutinariamente pedir dinero estando en evidente capacidad de trabajar.

Algunos se preguntarán que clase de cristiano es este al cual alguien pide dinero y envés de ofrecérselo, le enseñan dinero y le dice que no pueden darle porque el que se tiene es para ir de fiestas, y la respuesta es sencilla pues, se trata es de cumplir la voluntad de Dios, ante cualquier otra eventualidad.

Si teniendo que cumplir la voluntad de Dios, me desentiendo de ella, y opto por complacer los pensamientos de mundo, podría ocurrir que Dios me reproche esa actitud, en cambio hacer según su voluntad traería como resultado su satisfacción para conmigo, y hasta El mismo me daría ideas de cómo ayudar a los pobres del mundo.

Buenas Nuevas Para Los Pobres

Y efectivamente considero que ese sería parte de mis objetivos con relación a la pobreza, brindándoles una ayuda definitiva, según lo anunciado por nuestro señor Jesucristo en el sermón de la montaña.

Marcos 6

25. Por tanto os digo: No os afanéis por vuestra vida, qué habéis de comer o qué habéis de beber; ni por vuestro cuerpo, qué habéis de vestir. ¿No es la vida más que el alimento, y el cuerpo más que el vestido?

26. Mirad las aves del cielo, que no siembran, ni siegan, ni recogen en graneros; y vuestro Padre celestial las alimenta. ¿No valéis vosotros mucho más que ellas?

27. ¿Y quién de vosotros podrá, por mucho que se afane, añadir a su estatura un codo?

28. Y por el vestido, ¿por qué os afanáis? Considerad los lirios del campo, cómo crecen: no trabajan ni hilan;

29. pero os digo, que ni aun Salomón con toda su gloria se vistió así como uno de ellos.

30. Y si la hierba del campo que hoy es, y mañana se echa en el horno, Dios la viste así, ¿no hará mucho más a vosotros, hombres de poca fe?

31. No os afanéis, pues, diciendo: ¿Qué comeremos, o qué beberemos, o qué vestiremos?

32. Porque los gentiles buscan todas estas cosas; pero vuestro Padre celestial sabe que tenéis necesidad de todas estas cosas.

33. Mas buscad primeramente el reino de Dios y su justicia, y todas estas cosas os serán añadidas.

34. Así que, no os afanéis por el día de mañana, porque el día de mañana traerá su afán. Basta a cada día su propio mal.

Basado es esto centré mis objetivos con relación a la pobreza, desde la perspectiva del contexto verdadero del bien, dando preferencia al hecho de primero optimizar lo bueno, sin relación directa con lo malo o calamitoso, y de ultimo si tendría en cuenta combatir las calamidades o lo malo.

De esta forma planteo como medida de ayuda a los pobres, *optimizar la manera en que reciben o tienen absceso a su alimento*, entre otros, envés de centrarme primero en *combatir el hambre* por ejemplo, en realidad es casi lo mismo en contexto relativo, pero no en contexto absoluto.

Si no existiese la calamidad del hambre, los pobres no padecerían el problema de la falta de alimentación, y si primero se les garantiza la alimentación, equivale a que igual se habría erradicado el hambre, aunque esto suene paradójico son cosas distintas aunque parezcan iguales, se trata de orientarse primero que nada por el lado positivo o bueno de las cosas.

Garantizar el alimento diario a cada individuo del mundo es realmente factible, pero para ello se hace necesario cumplir con los términos y condiciones que desde la divinidad aplican para ello, y luego la *garantía alimentara* se daría por añadidura.

Esta garantía alimentaria a la que me refiero incluye también la garantía de absceso al resto de las necesidades básicas, como salud, educación, vivienda, esparcimiento, etc. solo que como primer objetivo estaría la garantía alimentaria.

Yo vislumbro que entre los términos y condiciones que aplican para la garantía alimentaria, también estaría el arrepentimiento de los pecados, tanto los cometidos bajo autoría propia como los cometidos en complicidad privada y con factores políticos y religiosos para expoliar a las naciones y oprimir al prójimo. Es como en el juego de monopolio, donde *para cobrar 200 se hace necesario primero pasar por Go.*

Otros términos y condiciones aplicarían a nivel de estado y de gobierno en correlación o complicidad con factores privados, y tienen que ver con el orden legal que permite la vigencia de *factores cazafortunas*, donde algunos individuos pueden ser expropiados de su patrimonio adquirido mediante artificios leguleyos.

Paradigmas Cazafortunas

Vicios

Estos factores cazafortuna incluyen los casos donde el estado tiene permitida la ruina de un individuo como producto de la permisividad ilimitada en el consumo de factores que generan adicción degenerativa, como las apuestas y el licor.

Las Demandas Civiles

Otra muy grave situación de cazafortunas, se genera mediante la expropiación patrimonial con criterio de indemnización, basándose en la figura de demanda civil, y dentro de los parámetros de irracionalidad que ello encierra, se encuentra precisamente, el desconocimiento de los criterios de propiedad absolutos del demandado, en función de criterios de propiedad relativos del demandante.

Y no solo eso: sino que tales criterios desconocen por completo los principios de equidad, pues se ataca impunemente solo a los factores productivos, ya que por motivo de hecho los factores no productivos o menos productivos, no estarían en capacidad de cumplir con buena parte indemnizaciones de que se reclaman en ese ambiente.

Resulta en extremo irracional, crear un ambiente de tipo judicial donde si algún individuo de escaso o ningún patrimonio genera un agravio contra otro individuo que posea un significativo patrimonio: por motivo de hecho: el primero no pueda ser compensado por tales daños por parte del agresor.

Pero si fuese el de significativo patrimonio quien realiza el agravio contra el de escaso patrimonio, entonces si se obligue una indemnización en contra del acaudalado en favor del desposeído.

En este caso lo más lógico es que existiendo parámetros de imposible cumplimiento, tal criterio aplique a todos por igual, de lo contrario se generarían parámetros fuera de lo que es justo, o sea: se generaría injusticia.

Del mismo modo puede decirse que según la perspectiva que se maneja: si fuese reprochable sufrir un agravio que merezca una compensación económica forzosa por parte de un agresor: también sería reprochable un patrimonio acumulado por este.

Dicho de otro modo: si alguien es maldito para realizar un agravio, también sería maldito para forjar un patrimonio, y por tanto igualmente sería maldito el patrimonio que pretenda expropiarse a este y quien lo reclame.

Esto deja al descubierto buena parte de los criterios que aplican para estos casos, incluyendo el estatus de los demandantes civiles. Del mismo modo esto es parte de los parámetros paradójicos que se generan en estos casos, pues habría que aceptar parámetros donde la mayor honra la tendría quien simplemente reciba agravios, y la deshonra quien genere patrimonio.

Efectivamente, tal es el criterio que aplica para estos casos de demandas civiles, pero no así las demandas penales, pues ambas partes están en capacidad de cumplir una condena de tipo penal. En estos casos podría aplicar la figura de fianza, siempre y cuando no supere el capital discrecional.

Aun así: la posibilidad que únicamente aplique el criterio penal no sería la solución ideal del caso, pues lo ideal en primer término: sería que ni se generen agresiones, ni tampoco se generen perdidas, pero tal hecho: forma parte de una constante.

O sea, resulta inevitable que de alguna u otra forma se generen en forma verdadera o mentirosa, y la solución ideal de esto pertenece a parámetros del elemento espiritual mediante la justicia divina.

Igualmente cuando permiten expropiarles su patrimonio legalmente adquirido mediante demandas judiciales, incluyendo los casos donde después de haber dado una cuota inicial o tras haber acumulado un porcentaje de propiedad sobre un bien, este porcentaje pagado le sea expropiado completamente.

Necesarios Reordenamientos

Se hace necesario reordenar el orden legal en los países donde son permitidos el consumo ilimitado de factores que generan adicción degenerativa y donde igualmente son permitidas las demandas cazafortuna donde un individuo puede ser expropiado de un bien legítimamente obtenido, por otro individuo en complicidad con el estado o este mismo

Si estos reordenamientos no ocurren, de nada o poco sirve que algunos individuos vayan optimizado su acceso a la alimentación y de demás necesidades básicas, si al mismo tiempo pueden ser expropiados de tales logros mediante triquiñuelas judiciales.

Este hecho no aplica solo sobre un eventual ambiente de optimización alimentaria para aquellos que hoy no la tienen, sino también para aquellos que disponen solvencia alimentaria y la pueden perder mediante esas triquiñuelas.

En cuanto al requisito sobre la necesidad de arrepentimiento sobre los pecados cometidos para poder tener absceso a la garantía alimentaria, no es estrictamente necesario que todo el mundo se arrepienta, sino que con un mínimo suficiente de arrepentidos sería suficiente y tal vez solo bastaría los que se mantienen bajo escrutinio positivo de benevolencia sobre el pecado o gente de bien.

Estos últimos tendrían absceso mediante bondad amorosa, o sea: aquella que se otorga a quienes por motivo de su buen proceder se le conceden algunas bondades, en cambio a quienes no merecen por motivo de su mal proceder, aun así se le puede conceder bondad del tipo inmerecida.

Romanos 12
12.17 No paguéis a nadie mal por mal; procurad lo bueno delante de todos los hombres.
12.18 Si es posible, en cuanto dependa de vosotros, estad en paz con todos los hombres.
12.19 No os venguéis vosotros mismos, amados míos, sino dejad lugar a la ira de Dios; porque escrito está: Mía es la

venganza, yo pagaré, dice el Señor.
20 Así que, si tu enemigo tuviere hambre, dale de comer; si tuviere sed, dale de beber; pues haciendo esto, ascuas de fuego amontonarás sobre su cabeza.
21 No seas vencido de lo malo, sino vence con el bien el mal.

También puedo decir que considero que implementar estas medidas o buenas nuevas para los pobres, no garantizaran la alimentación en lo inmediato, sino que sería de una manera paulatina, pero el solo saber que se estarían implementado ya sería una gran satisfacción.

Las medidas aplican no solo para quienes se encuentren en la pobreza, sino también para quienes puedan caer en ella, pues sabrían que disponen de lo que en estadística se conoce como un colchón o piso, donde se tendría garantía de alimentación.

Este temor embarga con frecuencia a quienes estando en solvencia económica, les perturba la posibilidad de perder tal privilegio, y optan por defender su posición bajo casi cualquier circunstancia, a veces de forma extravagante.

El Sindicalismo

Los sindicatos representan el colmo del parasitismo depredador, usan como modus operandi la extorción y el chantaje bajo la figura de huelgas y paros para procurar el botín, se amparan en una supuesta defensa de la clase obrera, mediante el reclamo de reivindicaciones de todo tipo, siendo a veces algunas verdaderamente justas, pero descabelladas casi siempre.

Estos grupos sindicales se valen una táctica que yo llamo *perfidia laboral*, pero que igual se podría llamar **perfidia del necesitado** como figura macro, estas figuras son muy parecidas a la conocida *perfidia de combate*, donde se acepta una rendición por alguna de las partes en un combate, pero una vez que se produce la rendición real o aparente una de las partes arremete contra la otra.

La perfidia laboral representa un acto extravagante de mala fe donde en base a la necesidad laboral de los trabajadores del sector obrero se procura un puesto de trabajo en una empresa, pero luego tales puestos de trabajo son convertidos en *necesidad forzosa* para las empresas por parte de los sindicatos, y a partir de entonces comienzan las demandas extorsivas y chantajistas contra ellas.

Lo peor de caso es que quienes no son dueños de la empresa comienzan a fungir como si lo fuesen, paralizándolas a su antojo, sin importarles la perdidas que ello ocasione, incluso a los mismos obreros que dicen defender, pues tras reiteradas secuelas extorsivas, merman a capacidad operativa de las empresas, sin más alternativas que el cierre de estas.

El parasitismo depredador de los sindicalistas, llega al extremo de confiscar la potestad que tendrían los dueños de las empresas en decidir quién debe laboral o no en su propiedad, con lo que aprovechan para extorsionar también a los trabajadores en búsqueda de un puesto de trabajo.

El sector sindical dañino se sostiene en contraposición al sector empresarial igual de parasitario depredador, que procura las mayores ganancias a costa de las necesidades apremiantes del trabajador, exigiéndoles el mayor esfuerzo productivo por la menor paga posible, en un ambiente donde realmente no todo sindicalismo en dañino ni todo empresario.

Visto hasta aquí como si fuese una primera instancia: puesto que cada quien puede hacer con su patrimonio como mejor le parezca, el empresario debe mantener en todo momento el control absoluto de su propiedad, por lo que resulta totalmente invalido que un tercer factor pretenda usurparle su derecho.

Esto hace que entre otros: no debe ser permitido que el sindicalista pueda cerrarle su empresa, tomarla, decidir quien deba trabajar y emplearse o no etc. en cambo si puede el sindicalista en nombre de sus afiliados ejercer presión, sin violentar el derecho del empresario, en procura de un cobro por retraso en pagos debidos.

Esto si puede hacerlo el sindicalista, porque el trabajador tiene derechos sobre el dinero adeudado como producto del trabajo realizado, y este es parte del principal problema o solución de este paradigma, o sea: la violación o no reconocimiento de derechos inalienables de parte y parte.

E igualmente es el gran problema de casi todos los paradigmas en general, o sea: factores relativos que se vienen sembrando a través del tiempo y terminan siendo tomado como factores absolutos sin serlo.

Es lo mismo que ocurre con el matrimonio que se ha venido tomando como absoluto desde las épocas que no estaba permitido del divorcio, pero cuando finalmente se estableció la figura de divorcio, el matrimonio absoluto adquirió contexto relativo, pero igual se siguieron tomando parámetros de cuando era absolutos sin hacer la debida actualización o corrección.

De esto tenemos que cuando no existía posibilidad de disolver el matrimonio, la norma, a veces incluso la única, era la de bienes mancomunados, pero una vez establecido el divorcio, la norma debería ser la separación de bienes y la excepción los bienes mancomunados.

El matrimonio y el sindicalismo tienen mucho en común, comienzan ganándose la confianza de una contraparte, y una vez que se firma el papel o acta matrimonial o el contrato laboral, una o todas las partes, al paso del tiempo comienzan a clavarse puñaladas traperas en procura de cada quien o una de las partes, inescrupulosamente quedarse con la mayor tajada del negocio.

El Justo Pago

A veces pareciera que la mayoría de la gente y sobre todo los más necesitados, esperan que sus vicisitudes sean solucionadas por los vagos, los holgazanes y los tontos, pues esperan que todo les resulte gratis o al menor costo.

Esto luce paradójico pues los grandes prodigios y portentos verdaderos son llevados a cabo por individuos dotados de la mayor solvencia operativa, del mismo modo que los prodigios y portentos falsos son llevados a cabo por individuos dotados del menor escrúpulo. Y es que en la actualidad, los malos son más eficientes haciendo la maldad que los buenos haciendo la bondad.

Lucas 16
16.8 Y alabó el amo al mayordomo malo por haber hecho sagazmente; porque los hijos de este siglo son más sagaces en el trato con sus semejantes que los hijos de luz.

Es de suponer que los pobres por motivo mismo de su condición, lo menos que consideran es pagar los generalmente elevados honorarios de los más eficientes para lograr benéficos, lo que les hace presa fácil de estafadores de todo tipo con su subsiguientes frustraciones, y porque los más eficientes ajustan sus honorarios según la mayor capacidad de pago.

Este paradigma pueda que tenga su origen en el hecho donde los más eficientes, son requeridos generalmente solo por particulares e instituciones incluyendo al estado, de alta solvencia de pago y beneficios.

El estado generalmente recurre a los más eficientes, solo para casos de asesoría sectorial, pero muy pocas veces para asesoría sobre cuestiones generales, pues estos casos prefieren reservárselo los dirigentes políticos, ya que basados en este tipo de responsabilidad es como generalmente acceden al poder, para bien o para mal.

Ahora bien: si las soluciones la tienen por motivo de hecho los más eficientes, y si se tiene en consideración que el obrero es digno de su salario, lo que equivale a decir que el científico es digno de sus honorarios:

Timoteo
5.18 Pues la Escritura dice: No pondrás bozal al buey que trilla; y: Digno es el obrero de su salario.

La pregunta sería: como haría el súper eficiente para ofrecer sus valiosos servicios de ayuda generalizada, de modo que el pago de honorarios sea de la satisfacción de todos ?.

A tal efecto me permito ofrecer lo que sería la eventual solución, y para ello expongo dos ejemplos previos, a manera de obtener una perspectiva clara sobre diferentes tipos de honorarios.

Tomando como ejemplo el hecho donde se asegura que en las zonas más deprimidas del mundo mucha gente sobrevive con un ingreso diario de aproximadamente 1 dólar, un eficiente ofrece elevar el ingreso diario, de esos hogares donde este recibiría por motivos de honorarios, 50 centavos por cada dólares extra de los necesitados.

Este trato les resulta satisfactorio a los necesitados y corren a sus hogares a dar la buena noticia, y exigen que en ellos haya alegría pues comenzarán a recibir dinero extra con tan solo un pago del 50 % de comisión u honorarios, y sin que tengan que empeñar o arriesgar nada, sino esperar a que el gobierno decrete las medidas.

En otro caso, otro súper eficiente el cual podría ser yo mismo, les orece cobrar solo el 2% de honorarios por cada dólar extra, y ambas propuestas le son satisfactorias a los necesitados, pues en ambos casos representan un ingreso extra con el que no contaban.

Ambos casos representan *el gran deseo* de buena parte de los necesitados del mundo, o sea: algún ingreso extra con el que no contaban, en este sector se encuentra la clase de individuos que si de manera fortuita ven una moneda en la calle se detienen a recogerla, por muy escaso que sea su valor.

Como *segundo gran deseo* de los necesitados del mundo se encuentran los que aparte de un ingreso con el que no contaban también aspiran a que este les resulte gratis, muchos de estos son perezosos que no los gusta trabajar, en cambio otros de tanto trabajar no consiguen ese dinero extra, y apelan a la gratuidad como única opción de ingreso extra.

Y como *tercer gran deseo* se encuentran los que todo lo compran o desean al precio más barato posible, a estos individuos cualquier cosa cuyo precio sea más allá del mínimo establecido, lo consideran algo suntuario, pues igual consideran que con el diferencial comparativo, podría adquirir otros bienes que igualmente necesitan, o que preferirían ahorrarlo para los momentos más apremiantes.

En este sector no están solo los más necesitados, sino también otros que teniendo cierta solvencia patrimonial o de ingresos, igual escatiman en gastos al extremo, esto incluye a algunos individuos ubicados incluso en los sectores de clase media socioeconómica. Todos estos son artífices de regateo.

Todos estos casos extremos representan en el punto de vista estadístico a partir del cual se irían calibrando los alcances sobre la garantía en la satisfacción de las necesidades básicas a todo individuo del mundo, desde los habitantes de las metrópolis más grandes hasta los que viven en lugares más recónditos del planeta.

Rescatando La Dignidad De Los Rezagados

Para implementar las soluciones de optimización se hace necesario conocerlas primero, pero para darlas a conocer se hace necesario el establecimiento de una figura global que contenga el pago de honorarios a todo individuo que ofrezca *soluciones efectivas* a los ciudadanos.

Estos honorarios estarían sujetos al alcance que puedan tener las soluciones, donde el liderazgo lo tendrían aquellas soluciones donde el pago de honorarios este representado o sea parte de un incremento sobre de los ingresos existentes o que representen una mejora sustancial sobre los mecanismos existentes.

O sea: para que exista pago de honorarios se hace necesario que exista un incremento efectivo en los ingresos de los ciudadanos, y en base al incremento se realizaría un pago justo, esto es: ni exageradamente alto ni exageradamente bajo.

Unos honorarios de 2 centavos por cada dólar extra, podría ser justo, pero esto es solo una apreciación a vuelo de pájaro, por lo que mejor sería realizar cálculos muy especializados al respecto por los mejores especialista en estos menesteres.

Si el precio justo sería de 50 centavos por dólar, entonces ese sería el pago, y si fuese 2 centavos por dólar ese sería el pago, y si 0,50 centavos por dólar entonces seria 0.50 (1/2) centavo por dólar el justo pago.

Para ser considerada una solución líder o de primer tipo, tendría que representar una solución no existente, algo así como que tiene que representar un nuevo paradigma o una solución sobre algún problema que represente una utopía, y este enmarcada en el lado positivo de las cosas sobre el lado problemático.

Esto último pude representar para algunos solo el modo de ver las cosas, por lo que el lado positivo, solo sería algo contextual según lo explicado anteriormente. Esto hace que cuando digo la solución de problemas en realidad hablo de la optimización de lo poco y mucho que funcione bien

Capítulo II

Sobre Los Derechos De Propiedad Política

Se hace necesario corregir los parámetros parasitarios que acompañan a algunas legislaciones sobre derechos de propiedad o la forma mediante cual son manejados, tales como los casos donde el estado o los organismos de derecho de autor tienen establecido el decomiso de derechos de algunos individuos y sus derechohabientes, mediante la fijación de un tiempo máximo de vigencia de estos.

Estas disposiciones convierten a los ciudadanos en parásitos de la propiedad ajena, al poder disponer y hasta lucrarse a través de alguna innovación creada por otro sin haber realizado un justo pago, a la vez que convierte a las autoridades en cómplices de este tipo de *piratería ralentizada*.

En otras ocasiones ocurre lo peor, pues se le niega a un innovador obtener lucro por su trabajo realizado, con el simple pretexto y sin mayores precisiones que eso solo se podría registrar y obtener benéficos de las innovaciones que apliquen como invento más no las que aplican como descubrimiento.

Esto en realidad es un exabrupto, pues se hace considerar a los descubrimientos como algo silvestre, que estaría tirado por allí y cualquiera puede recoger sin mayor esfuerzo, y no como precisamente todo lo contrario que ocurre casi siempre con los descubrimientos importantes.

Y es que para acceder a un descubrimiento sobre todo importante, por lo general se requiere precisamente muy gran esfuerzo, trabajo, recursos económicos, intelectuales y de todo tipo, y en algunas ocasiones mucho más que los factores requeridos para un invento.

En ambos casos, puede realizarse un invento o descubrimiento de buenas a primeas, sin la mayor inversión de intelectualidad y recursos económicos entre otros, como del mismo modo en algunos caso se hace necesario toda una empresa de aportes intelectuales, económicos y de todo tipo para lograr un descubrimiento o invención.

Existe una inmensa gama de factores donde todo el mundo puede favorecerse y hasta lucrarse, pero los descubridores de esos factores no pueden beneficiarse de haber obtenido tales logros, ¡valla ironía!, y todo esto difícilmente se da por mala intensión de los reguladores legales, sino posiblemente por la falta de perspectivas adecuadas para la época de implementación de esas regulaciones.

En muchos casos las legislaciones aplican excelentemente en resguardo de los derechos de propiedad, pero en otros parecen guiarse por el dicho popular que establece: *con lo que no es nuestro hagamos fiesta.*

Obviamente pueden existir descubrimientos donde se hace difícil establecer la posibilidad o no de extender un derecho de propiedad particular, pero en otras resulta muy sencillo, sobre todo aquellos descubrimientos que tienen implícito la generación de dinero, o una mejora significativa sobre algo existente.

Del mismo modo considero que a diferencia de los inventos, a los cuales se les otorga una exclusividad de explotación por unos 20 años, no debe ser el caso de los descubrimientos, pues estos si serian de libre explotación, sin permiso o autorizaciones previas, solo que si serian merecedores de justo pago correspondiente.

Donde exista confusión sobre si algunas cosas merecen o no otorgarles algún derecho, lo más lógico es otorgar el derecho en las que se consideren deben otorgarse, pero en ningún caso negarlas todas por las dudas que puedan presentar solo algunas.

No es que yo esté planteando benéficos solo para mí, sino para todos aquellos innovadores en todas partes del mundo, pues considero que en muchos casos no se está siendo justo con el reconocimiento de los diferentes derechos de propiedad que le asisten o debería asistir.

Tampoco se trata de en el mejor de los casos tener que conformarse con simplemente un premio, por muy relevante o prestigioso que este sea, se trata es de establecer el precio justo de las cosas, de la misma manera que se encuentra establecido para otras.

Con el prestigio y la relevancia no se compran comida u otros bienes y servicios ya que estos factores actúan es en forma inherente a otros principales como el dinero o igualmente las gracias, realizar un invento merece derechos de patente que a su vez generan dinero, prestigio y relevancia, pero es solo con dinero que se compra comida, bienes y servicios.

Esto implica ajustar las tarifas a los parámetros reales de generación de dinero y facilidades, los cuales estarían regulados por las leyes de la oferta y la demanda, incluyendo también los llamados derechos subsidiarios.

Los derechos subsidiarios deben incluir a toda la secuencia de generación de beneficios, como adaptaciones, traducciones, usos que puedan tener en los diferentes países y regiones y en cada caso, establecer los parámetros correspondientes.

Agregado De Derechos Políticos

Pueda que la mejor manera de implementar estos justos pagos sea mediante la figura de agregado de derechos que podría cobrarse de manera particular, o a través de los organismos recaudadores de impuesto del estado, de esta manera solo habría que añadir a las facturas actuales, lo que sería el agregado de derechos políticos.

La gran ventaja del cobro mancomunado de impuestos y derechos políticos de innovación por parte del estado, es que el estado a su vez cobraría también algún impuesto que su vez aplique a los derechos de descubrimiento, lo que a su vez sería de gran utilidad también para el descubridor.

Del mismo modo el estado como garante de la dignidad de sus ciudadanos, les estaría evitando la ignominiosa condición actual donde en la mayoría de los casos, apliquen como *ciudadanos parásitos* en cuanto al usufructo del esfuerzo ajeno sin pagar el merecido y justo tributo a quienes les generen beneficios.

En ocasiones solo las grandes corporaciones se las arreglan para conseguir que le sean otorgado derechos sobre factores que se le niegan a los descubridores particulares, independiente de la relevancia que puedan tener tanto ellos como sus innovaciones.

De todos modos si al caso vamos: los inventos en realidad también aplican como descubrimientos, tal como lo expuse con anterioridad en La Máxima Lógica: "Bajo algunos parámetros rigurosos: los inventos también representan contexto de descubrimiento, pues se descubre la posibilidad: donde ordenando diferentes estructuras de determinada manera, se consigue establecer un factor funcional tipo o posibilidad descubierta". LML

Esto implica que los inventos también merecen un agregado de derechos como descubrimientos, o sea: aparte de los derechos de patente que se otorgan a los inventos, también se les debe reconocer derechos de descubrimientos, en cambio a estos si resulta difícil otorgarles derechos de invención.

También se incluirían en los derechos subsidiarios los casos donde por ejemplo: profesores, asesores, conferencistas, periodistas y medios de comunicación en general, gobernantes, líderes políticos, etc., obtienen beneficios económicos mediante el uso de descubrimientos ajenos, donde sus descubridores no obtienen dinero ni para comprarse una rosquilla.

La gran mayoría de los políticos del mundo se la pasan inventado o descubriendo cosas, de modo que si efectivamente alguno descubre algo que en realidad valga la pena, se haría merecedor del justo pago de honorarios que aplique en ello.

La solvencia de tal descubrimiento debe ser de aprobación genérica por todos los factores, y no solo por un sector de sus adláteres o grupito de conveniencia, a la par que les serviría para el cobro del y merecido pago donde quiera que el descubrimiento pueda tener aplicación, de esta forma se evitaría que accedan al poder gubernamental, dirigentes con la intensión de auto pagarse expoliando al estado a través de ofertas demagogas.

Tampoco se trata de solamente pagar o cobrar honorarios del tipo asesoría, como en los casos actuales donde no necesariamente debe haber alguna innovación para merecer honorarios, sino que simplemente se procura estar al tanto de las mejores ideas que podrían aplicar para determinados asuntos, y esto es muy lógico.

En estos casos el compendio de conocimientos que se ofrecen son exclusivos del asesor, los cuales escoge dentro de un gran variado compendio de ideas y conocimientos que este posea, y estos individuos por lo general ocupan un lugar o ranking en el ambiente donde se devuelven.

El Juego Cerrado

Pero más allá de todos estos tipos de derecho, se hace necesario establecer nuevos parámetros de derechos de propiedad del tipo político o geopolítico que apliquen a escala sobre todo global, pues las soluciones que conlleva tendrían radio de acción global.

Me refiero a cierto tipo de innovaciones que representan paradigmas dentro del juego cerrado de muchas de las cosas que son comunes a todo el mundo, pues las soluciones del todo y de las partes partirían de un mismo principio.

Con relación a estas innovaciones me refiero por ejemplo, entre otras a algunas como la optimización del ingreso mínimo de los trabajadores, y su equivalente en la escala salarial, este paradigma tiene implícito el juego cerrado donde la salida más típica es un aumento mediante decreto gubernamental que siempre genera inflación.

Esto trae como consecuencias que el sector productivo se vea obligado incrementar los precios de los productos y servicios para equilíbralos con el aumento decretado, lo que su vez hace que se genere una espiral inflacionaria en el sistema económico.

En cambio si se consigue una solución o formula donde un ajuste de salarios no genere inflación o si ocurre algún aumento que sea menor a la inflación proyectada, y donde finamente los ciudadanos dispongan de un salario o ingreso superior a la inflación y al costo de otros indicadores macroeconómicos como la canasta básica general y la de alimentos.

Este tipo de innovación aplicaría para todos los países, en algunos casos más que otros, según precisamente la inflación que se tenga y según los salarios, sobre todo si el salario mínimo, resulta muy escaso y pase luego a formar parte de una espiral o secuencia consolidada de incrementos no inflacionarios.

Ahora bien, yo considero que el pago de honorarios que aplicaría a una innovación de este tipo, estaría sujeta de manera proporcional a los alcances socioeconómicos que se estarían logrando y del mismo modo que este tipo de solución aplicaría como ideal sobre las demás.

Ideal porque aparte de los logros consolidados, el pago de honorario se produciría solo en la medida que los beneficios estarían haciendo efecto en la satisfacción de los ciudadanos y del sistema económico.

O sea: no es que se paga unos honorarios por el voto a un demagogo sin que antes los ciudadanos y el sistema haber experimentado los beneficios, pero si se haría necesario una anticipada voluntad de pago por parte de todos, tanto de los administradores del estado y gobierno, como de los ciudadanos y el sector productivo.

Sería una solución del tipo solo ganar, ganar, o del mismo modo donde: no habría nada que perder, y si habría perdedores sería solo el innovador en caso de algún error de cálculo, pues primero que nada la propuesta debe ser analizada bajo los más rigurosos parámetros por los más reconocidos especialistas disponibles.

Independiente del incremento salarial sin generar la problemática inflación, este tipo de propuesta o soluciones geopolíticas, debería tomarse como norte de orientación y deseo de todos los factores en la consecución de los diferentes objetivos que generan perturbación en el sistema.

El elemento político así lo exige, o sea: *ver para creer* lo cual es distinto al elemento religioso donde el dogma que representa la fe establece: *creer sin ver*. Pero puesto que el elemento político es el complemento del elemento religioso, entonces se hace necesario también tener al menos un poco de fe, así sea del tamaño de un grano de mostaza.

Mateo
6.33 Mas buscad primeramente el reino de Dios y su justicia, y todas estas cosas os serán añadidas.
17.20 Jesús les dijo: Por vuestra poca fe; porque de cierto os digo, que si tuviereis fe como un grano de mostaza, diréis a este monte: Pásate de aquí allá, y se pasará; y nada os será imposible.

Capítulo III

Resumen Histórico Sobre Derechos De Propiedad Política

Casi todo lo que tiene que ver con derechos ha representado uno de los símbolos más influyentes de la conducta humana, tanto individual como colectiva, tal como su nombre lo indica, derecho representa criterios de propiedad y propietariedad, y las vicisitudes se centran en procurar tener alguna propiedad sobre la cual ejercer algún derecho, ejercerlo si ya se tiene, y procurar no perder la propiedad con la intensión de no perder el derecho que esta otorga.

El criterio de propiedad nace desde parámetros intuitivos, hasta algunos desarrollados bajo parámetros que requieren de la máxima lógica disponible, en términos absolutos o relativos.

Como criterios de manera intuitiva pueden mencionarse, la tendencia de algunos animales a marcar un territorio sobre el cual ejercen o desean ejercer propiedad, la defensa de algunas madres por proteger sus crías, la defensa de los perros por defender la propiedad donde pertenecen.

Los casos de impronta, donde algunos animales recién nacidos son puestos a interactuar con otros animales distintos a sus padres o igualmente algunos objetos, y terminan adoptando a tales como sus verdaderos padres.

Los derechos de propiedad de manera instintiva en humanos infantes son muy parecidos al caso animal mencionado, pero a medida que crecen comienza a hacerse más preponderante los criterios de lógica pensante.

De todos modos cuando se posee lógica pensante, esta no necesariamente decide la conducta y el comportamiento, pues existen factores instintivos que pueden ejercer mayor influencia sobre el comportamiento que la lógica pensante.

Estos factores generalmente son de tipo sensitivo, y actúan sobre todo en resguardo de la vida o de alguna u otra forma miedo a la muerte, siendo tal vez el más extendido el hambre, la cual representa una especie de alarma sobre la posibilidad de morir o miedo a morir, de forma relativamente inmediata.

A veces no existen criterios de inmediatez, pero aun así se procuran factores de resguardo sobre eventualidades futuras, el hambre y otros factores sensitivos se originan dentro del mismo individuo, pero pueden actuar factores externos en provocarlos, satisfacerlos, o reforzarlos, en ambos casos pueden originarles derechos de la más variada relatividad y tipos.

Los derechos se generan en función de algo sobre la cual se tiene propiedad, y esto es bueno tenerlo muy en cuenta pues, existe la tendencia en confundir la existencia de derecho sobre algo donde no se tiene propiedad, ni siquiera sobre algo que se considera baldío o res nullius (tierra de nadie), pues los derechos comienzan a partir del momento en que se declara propiedad sobre tal cosa.

Hasta fechas relativamente recientes se podía ejercer derechos sobre las personas incluso, a través de derechos de conquista, mediante el pago de algunas dotes matrimoniales, o mediante la figura de la encomienda, la cual era una forma de llamar a la compra venta de esclavos.

Pero todas estas figuras han resultado abolidas con el paso del tiempo, pero no del todo, pues aún persisten formas pasivas, como la conquista pasiva y la neo esclavitud.

Las vicisitudes interpretativas son tan variables que resulta prácticamente imposible numerarlas a todas, e incluso conocerlas, ello da origen a una continua generación de regulaciones que permitan ir abordando las distintas modalidades que vayan surgiendo.

Simbiosis Geopolítica

El termino simbiosis dejó de ser exclusividad del campo de la biología, pues es tanta la similitud de tipo simbiótico existente con otras áreas, que el contexto ahora es prácticamente genérico y a veces hasta incompleto.

Por ejemplo en sociología se le contextualiza como los factores de colectividad y solidaridad que puedan existir en sociedades y grupos, pero resulta que no siempre las relaciones de estos grupos no son solo armónicas, sino que incluso pueden llegar a ser de profunda rivalidad o enemistad.

Aquí trataremos la simbiosis desde el punto de vista de las interrelaciones humanas, en un marco político y religioso, con énfasis en los derechos de propiedad política y religiosa que en conjunto prefiero a veces llamar geopolítica, independiente de otros conceptos acuñados bajo el mismo término.

Existen tres factores básicos que conforman la simbiosis, que son el mutualismo, el comensalismo y el parasitismo, generalmente se definen en base a los efectos sobre el individuo hospedador, pero prefiero definirlo en base a los efectos resultantes entre el individuo anfitrión y el hospedador, y extensivamente entre el depredador y la presa o entre ambos.

Dentro de las relaciones simbióticas, el mutualismo es el que ha garantizado la existencialidad humana, en cambio en el mundo animal la garantía existencial se origina o define mediante el *equilibro ecológico* que se mantenga en un ecosistema según la correlación entre depredadores y presas.

La operatividad del depredador es del tipo parasitario, o sea: solo se beneficie un individuo en perjuicio de la otra, e intentar modificar esta actitud en el mundo animal, resultaría desastrosa, esto es lo que ocurre cuando se rompe el necesario equilibrio y se genera la terrible problemática de extinción de especies o en peligro de extensión.

El parasitismo no ocurre solo por parte de animales y plantas, y sino que es también practicado por humanos, y entre todos los seres vivos en interacciones de todo tipo y por casi cualquier motivo

El comensalismo generalmente es definido como el hecho donde la correlación resulta beneficiosa solo para uno de los factores pero indiferente para otras.

Desde mi punto de vista, si comensalismo haría referencia al contexto de comensal, cuando se es invitado, aplicaría el término adecuadamente, o cuando se hace un aporte por esta, pero cuando se debe aportar por la comida y no se hace, entonces aplicaría el de parasitismo.

El manejo de la amplísima variedad de factores simbióticos, permite ir definiendo la calidad humana de individuos y sociedades a medida que se desarrollan o desaparecen, e igualmente va fijando los diferentes criterios de conducta humana, tanto la aprendida, la adquirida y la desarrollada.

Llamaremos conducta aprendida a la que se aprende de manera intencional, la adquirida a la que se aprende de manera intencional y adquiere de manera no intencional, pero no es rígida en el individuo, mientras que la desarrollada es aquella que permanece de manera indefinida y resulta muy difícil y hasta imposible cambiar.

La conducta desarrollada genera modificaciones incluso en el organismo humano, como los casos donde una vez que se habla el idioma materno durante buena parte de la vida, por mucho que se pretenda luego hablar algunos idiomas extranjeros, siempre se notan la existencia de parámetros del idioma materno.

A diferencia de los animales, donde la conducta obedece a factores exclusivamente instintiva, en los seres humanos actúa tanto la intuición como la inteligencia, y a veces incluso una fuerte correlación entre ambas, donde algo que parece una decisión de tipo inteligente es en realidad intuitiva o viceversa.

El ser humano nace en un mundo regido por derechos de todo tipo, y desde que nace va adquiriendo una conducta ajustada a estos hechos y para ello juega un papel preponderante la inteligencia a través del factor negociación, el cual le permite correlacionarse de una manera generalmente armónica, al menos durante los primeros años de vida o en ocasiones conflictiva a medida que crece.

Para que funcione debidamente la armonía, se hace necesario regirse por factores, inherentes a esta, tales como la justicia y el respeto, factores estos que otorgan reconocimiento positivos en caso se cumplan los términos y condiciones que ellos estipulan, y descréditos o sanciones en caso contrario.

El factor negociación representa una operación de intercambio, y en la medida en que se desarrolla representa también en línea generales una factorización. En este caso me refiero a factorización como una manera de resumir todo lo que indique operatividad matemática, lógica, de manera concreta o difusa

Siendo las concretas por ejemplo, las que se realizan mediante intercambio de dinero, y las difusas, donde no se incluyen valores concretos o mesurables como el dinero, sino valores que se podrían prestarse a diferentes apreciaciones, como intercambio de favores preopinante dicho.

Las factorizaciones pueden incluir en una misma operatividad tanto valores concretos como difusos, y generalmente son inherentes unas a otras, como en los casos por ejemplo, donde alguien que vende alimentos le hace un favor a quien los compra y este a su vez le hace una favor en adquirirlo a quien los vente.

Pero las factorizaciones o simbiosis entre los seres humanos no son solo comerciales ni de procura de alimentos, sino de todo tipo, incluso las más inverosímiles, pero hay preferencias que conforman el modus vivendi de una persona, y grupos de ellas.

Mediante la factorización tipo esclavitud, se procuraba obtener mano de obra a muy bajo coste, con el fin de obtener luego mayores beneficios comerciales, que los obtenidos por hacer un pago por el trabajo realizado, aunque por lo general la manutención y vivienda corre a cargo del esclavizador.

Si bien el trato esclavista en muchos casos fue cruel e inhumano, sin caer en ultranza: ello representaba cierta estabilidad existencial para los esclavos, por lo que en varias ocasiones preferían la esclavitud, antes de exponerse a la incertidumbre, del trabajo autónomo o la dificultad de conseguir empleo remunerado.

Aparte de mano de obra muy barata, a veces se procuraba también placer sexual, poder, benéficos políticos, prestigio, morbo de supremacía, celos, venganza caníbal, y pueda que las más de las veces, porque simplemente ese era parte del orden establecido en las distintas regiones y épocas donde existió la esclavitud.

El Mutualismo Como Factor De Máxima Vigencia

Una vez establecidos los tipos de factorizaciones básica de tipo simbiótico, donde el mutualismo, el parasitismo y demás, los hemos integrado en un único marco de simbiosis, exploraremos el mutualismo como forma de garantía existencial, donde la existencialidad misma represente marco general operativo.

Siendo el mutualismo el tipo de factorización deseada: procedemos a definir los factores que harían posible su vigencia y de manera exclusiva si fuse el caso, pero en esto hay que tener presente que en la interacción entre los seres humanos, siempre hay voluntad armónica común, al menos en grupos que guardan una identidad común.

La imperiosa necesidad de mantener vigente solo el ambiente ideal, o sea el mutualista en las sociedades humanas, siempre ha presentado obstáculos de todo tipo, donde tal vez el más dominante incluso en la actualidad, lo representa el echo donde los factores que actúan contra tal necesidad, generalmente forman parte de orden establecido o estatus que rigen y han regido las diferentes sociedades través de la historia.

El conocimiento preciso de que es lo que se quiere lograr y que es lo que se pretende erradicar, ayudaría firmemente a conseguir el propósito ideal, pues resulta común que los mismos que procuran el ambiente ideal, por ignorancia o desconocimiento actúan contra ellos mismos, facilitando la vigencia de los factores indeseables.

Analizando algunos de los factores envolventes de mayor relevancia que serían necesarios tener bajo los más precisos contextos, y que efectivamente serían necesarios para lograr la armonía deseada, estarían el bien, el amor, la libertad, etc.

El Bien

Generalmente se maneja el contexto de bien desde una sola perspectiva, pero en realidad abarca tres, la primera de ellas tiene que ver con lo que exclusivamente es bueno sin relación con el mal, o sea: hacer esencialmente el bien, la segunda perspectiva si tiene relación con el mal, pero para evitarlo, o sea: no practicar el mal, y la tercera igual tiene relación con el mal, pero para combatirlo, o sea: combatir el mal.

No practicar el mal y combatirlo, son formas de hacer el bien, pero no poseen la misma jerarquía que hacer esencialmente en bien,
Por tanto el orden hegemónico de las tres perspectivas del contexto de bien serían:
1. La práctica y perfeccionamiento de los factores que atañen exclusivamente al bien
2. No practicar el mal

3.   Combatir a los factores que atañen exclusivamente al mal.

Esto también indica que el contexto del bien es un contexto dual, donde se hace necesario los parámetros contextuales del bien y el mal para definirlos, solo que el parámetro del bien es absoluto más no los parámetros del mal.

Si ben la propiedad dual aplica por la dualidad entre el bien y el mal, el contexto es definido por tres parámetros, esto hace que también aplique como un contexto multiparámetros, y en líneas generales un contexto dual puede ser multiparámetros.

El inadecuando manejo lógico del orden jerárquico de estos principios y muchos de los parámetros que le rodean, representa uno   de   los   más   generalizados   factores   generadores   de problemáticas de todo tipo, donde el desconocimiento mismo de la necesidad de la vigencia de estos: es ya un grave problema.

El que se mantenga este desconocimiento, llega a representar uno de los principales objetivos de los factores malévolos, aunque no necesariamente los conocen, pues el hecho que lleguen a conocerlos, podría representar motivos de desistir de propósitos par algunos de ellos.

Dada la existencia del mal y su presencia generalizada o la potencialidad que esta ocurra, y siendo tres los objetivos básicos absolutos que incluyen: el no practicar este y el de combatirlo, es bueno señalar que uno de los principales fundamentos de este principio, está representado por la inexorable tendencia de erradicación de sus dos últimos factores que le componen, o sea no practicar el mal y el combatirlo.

Todo esto motivado a la aparente ocurrencia de una definitiva desaparición del factor mal, o sea: que no habría preocupación por este, pues habría desaparecido, quedando vigente solo el principio de practicar el bien como factor único, el cual pasaría a ser el nuevo y único principio básico absoluto.

Pero precisamente por ser absolutos, todos estos principios, hacen que mantendría alguna que otra vigencia el mal, pues si desapareciera: no serían absolutos, o dicho de otra forma: seria paradójico llamarlos absolutos". LML.

Mantener la vigencia del orden jerárquico de las perspectivas del concepto del bien, obliga a orientar el orden de prioridades que generalmente maneja el individuo, tanto a nivel personal como geopolítico, de esta forma se debe tener mucho cuidado de preferir primero fundamentalmente la perfección u optimización de lo que de alguna u otra forma funciona bien antes que la solución de problemas.

De esta forma los dirigentes igualmente deben cuidar de forzarse para promocionar la solución de problemas, envés de hacerlo para optimizar lo mucho o poco de las cosas buenas que funcionen o existan.

Mateo 7
22. Muchos me dirán en aquel día: Señor, Señor, ¿no profetizamos en tu nombre, y en tu nombre echamos fuera demonios, y en tu nombre hicimos muchos milagros?
23. Y entonces les declararé: Nunca os conocí; apartaos de mí, hacedores de maldad.

En esta cita puede apreciarse que no obstante estarse dedicando algunos a hacer el bien combatiendo lo malo, nuestro señor Jesucristo dice no conocerlos y les reprocha llamándolos hacedores de maldad.

En el contexto científico el orden define la existencialidad a través de la llamada teoría del caos, pero que preferiblemente la llamaremos principio del orden, y sus enunciados serían de siguiente manera: *si hay orden, entonces hay vida, pero si no hay orden entonces hay caos, y si hay caos, hay traumas o incluso la muerte,* lo cual es muy parecido también al principio religioso que establece que: *el precio del pecado es la muerte.*

Todo esto obliga a mantener estricta vigencia al contexto del orden en todo los relacionado con la existencia, tanto en la operatividad particular de cada quien como en las legislaciones que se creen en la orientación del comportamiento de todos los ciudadanos, sobre todo porque el sistema está regido por un orden legal natural de estricto cumplimiento y que fallar contra las leyes naturales puede ocasionar incluso lo peor.

Rigurosidad Legal Del Sistema.

Todas las leyes naturales del sistema poseen de manera implícita, incluso la pena capital si se atenta contra ellas, por lo que los individuos deben procurar tener el mayor conocimiento de las leyes naturales, de modo que puedan sacar el mayor provecho de las bondades que ellas encierran y a la vez resguardarse de sus sanciones.

Existe una marcada tendencia entre los ciudadanos con menor desempeño intelectual, a tomar por validos muchos criterios que simplemente se parezcan a los de mayor estatus, siendo que en realidad, en ocasiones no es así, y creyendo estar actuando correctamente, no llegan a estar al tanto que en realidad, se encuentran contraviniendo rígidas normas establecidas.

Del mismo modo: motivado a que el desconocimiento de una ley no ampara las sanciones que ella tiene implícitas, les permitiría tener el mayor dominio posible acerca de los criterios de mayor rigor que podrían afectarle si no se posee un dominio adecuado.

A manera de ejemplo: digamos que si algún individuo tiene que interactuar con algunos parámetros del ambiente de la electricidad, y no toma en cuenta los rigores de las leyes que aplican en ella, puede sufrir algún trauma en caso de un manejo que no esté ajustado a sus principios de funcionamiento y seguridad.

Esta falta de medida de lo que sería lo justo o injusto que aplique en algunas circunstancias, aplican igualmente para el contexto con criterio particular de justicia o injusticia según sea el caso.

Esto hace que si no se tiene mayor dominio de las leyes de la electricidad, lo más lógico sería adquirir tal dominio, en caso de una gran necesidad de interacción con esta, o en caso contrario o alguna dificultad, procurar la asistencia de alguien que si la tenga.

Pues si alguien no tiene dominio o conocimiento de ellas, no por eso dejara de sufrir los traumas que se generan en caso de un manejo inadecuado.

Igual rigor aplica para absolutamente todos los factores mediante los cuales sea necesario interactuar en el sistema, pues todo el sistema está ajustado a parámetros de rigurosidad legal, y todos conducen incluso a lo peor: en caso de un manejo que no sea justo lo que aplique para cada ley.

A tal efecto diremos: que todo está regido por un principio de orden, y si se desconoce tal principio: entonces se generan parámetros de desorden, o sea: de faltar al orden establecido para cada ley, y al no existir orden: la misma ley tiene implícita una sanción para quienes la desacaten o desordenen, y tal es el caso de por ejemplo las leyes de electricidad, presión, temperatura, velocidad, clima, ritmos biológicos, etc. Referencias en:

Salmos 148
5. *Porque el Señor habló, y con sólo quererlo, quedaron hechas las cosas; él mandó que existiesen y quedaron creadas.*

6. *Las estableció para que subsistiesen eternamente y por todos los siglos; les fijó un orden que observarán siempre.*

Otros parámetros de operatividad que con frecuencia resultan problemáticos por motivo de los descuidos o falta de conocimiento de algunos parámetros de ley, está representado por los desórdenes en el comer y beber, generando desajustes en los niveles orgánicos de casi todo tipo, siendo muy comunes entre otros, los niveles de azúcar, ácido úrico, colesterol, hemoglobina, tensión arterial, etc.

Esto hace que si no se procura un reajuste de dichos niveles vitales: inexorablemente se ejecutara la sentencia de pena capital que aplica sobre las violaciones a los principios de ley vital que hay en ellos, pues el precio que se paga por fallar o pecar contra la ley: es la muerte.

Dicho de otro modo, la paga del pecado: es la muerte, y este tipo de circunstancia forma parte del principio de orden absoluto establecido para el sistema. LML

Amor:

La importancia del amor en la armonía entre los seres humanos, es tal que representa un vínculo fundamental establecido por Dios en los dos mandamientos vigentes, a saber:

Mateo 22

36. Maestro, ¿cuál es el gran mandamiento en la ley?

37. Jesús le dijo: Amarás al Señor tu Dios con todo tu corazón, y con toda tu alma, y con toda tu mente.

38. Éste es el primero y grande mandamiento.

39. Y el segundo es semejante: Amarás a tu prójimo como a ti mismo.

40. De estos dos mandamientos depende toda la ley y los profetas.

Los dos mandamientos mayores establecidos por Dios se encuentran enmarcados en el ambiente del amor, de esta forma: para cumplir con el primer mandamiento: es necesario que el individuo ame a Dios con todo su corazón, con toda su alma, con toda su mente, y con todas sus fuerzas.

Obviamente la mejor manera de hacerlo es procurando conocerle al máximo, pues ello permitiría reunir el mayor numero de parámetros que se presten a la complacencia amorosa que El desea,

Pero que en todo caso: tal fervor o devoción aplica en la medida de capacidad suficiente según cada individuo, o sea: no es necesario que todos tengan la misma capacidad de amarle, sino que cada quien le ame según la capacidad que disponga.

Del mismo modo: puede establecerse que: si alguno no estaría amando a Dios, de la manera que Dios mismo desea, esa persona no estaría cumpliendo con el primer mandamiento, ni tampoco con el segundo, pues para que aplique el segundo es necesario que absolutamente aplique el primero.

Incluso en el caso que algún individuo tenga un gran amor al prójimo, pues estaría otorgando prioridades indebidas o dicho de otro modo: no las estaría otorgando debidamente.

De igual modo: si alguien supone que efectivamente estaría cumpliendo con el primero, pero no estaría amando al prójimo como a sí mismo, ello implica que tampoco se estaría cumpliendo efectivamente con el primero, pues para que aplique el primero es necesario que absolutamente aplique el segundo.

O sea: si no se ama al prójimo como a si mismo, no se estaría cumpliendo con el deseo de Dios, y por tanto no se le estaría amando en forma total. LML

El amor exige una correlación dual entre dos factores que se aman, pero igualmente un solo factor puede amarse a si mismo, tal como indica el mandamiento: ama al prójimo como a ti mismo, y este tipo de amor a su vez va impulsado, por el amor supremo que se tenga a Dios.

En todo ambiente armónico debe estar presente el amor como guía de comportamiento, se le define de muchas maneras, pero una descripción precisa que incluso se pude decir perfecta, esta escrita en el libro:

1 corintios 13

1. Aunque yo hablara todas las lenguas de los hombres y el lenguaje de los ángeles mismos, si no tuviere amor o caridad, vengo a ser como un metal que suena, o campana que retiñe.

2. Y aunque tuviera el don de profecía, y penetrase todos los misterios, y poseyese todas las ciencias; aunque tuviera toda la fe posible, de manera que trasladase de una a otra parte los montes, no teniendo amor, soy un nada.

3. Aunque yo distribuyese todos mis bienes para sustento de los pobres, y aunque entregara mi cuerpo a las llamas, si el amor me falta, todo lo dicho no me sirve de nada.

4. El amor es paciente, es dulce y bienhechor; el amor no tiene envidia, no obra precipitada ni temerariamente, no se ensoberbece,

5. no es ambicioso, no busca sus intereses, no se irrita, no piensa mal,

6. no se alegra de la injusticia, se complace sí en la verdad;

7. a todo se acomoda, cree todo el bien del prójimo, todo lo espera, y lo soporta todo*.

8. El amor nunca se acaba; las profecías se terminarán, y cesarán las lenguas, y se acabará la ciencia.

No todo es color de rosa en el amor, o mejor dicho en las relaciones amorosas de pareja, pues llegan a ser frecuentes situaciones que atentan con la armonía que debe existir, siendo ellas las que tienen que ver con motivos económicos, técnicas de complacencia de pareja, celos, etc.

Los celos son uno de los generadores de grandes traumas en las de relaciones de pareja, e igualmente están basados en el amor, pero interviene decididamente la eventualidad de alguna infidelidad, a tal efecto en el pasado, se procuraba en algunos ambientes dejar a la pareja femenina, al cuidado de hombres eunucos.

Se sometía a la mujer igualmente a la tortuosa figura de los cinturones de castidad, también el hombre o el ´´estatus quo´´ podían matar a la mujer adúltera bajo terribles circunstancias como la lapidación, y en un ambiente de total inmunidad o impunidad.

Basados en la suprema condición del libre albedrio con que fue dotado cada ser humano, las parejas en conflicto deben agotar los extremos en procura de mantener vigente el compromiso adquirido, sobre todo el sentimental, el de convivencia, de resguardo patrimonial y de cuidado de los hijos cuando se tienen.

Y solo una vez agotados los extremos, de modo que resulte prácticamente imposible mantener la relación, entonces si sería factible una separación, y en caso que la relación haya estado amparada por la figura del matrimonio o no, procurar acogerse a los mecanismos donde las autoridades establecen un tiempo de eventual reconciliación.

Cada miembro de la pareja debe estar muy consiente, que el amor representa un vínculo muy difícil de deshacer por parte de quien ama y el desamor puede generar en la parte afectada, terribles heridas sentimentales que solo el tiempo consigue mitigar, y que los legisladores sabiamente han conseguido establecer los mecanismos que hace de tal situación los menos traumática posible.

Los casos de infidelidad son los que genéricamente resultan más difíciles de soportar al ser humano, pero igual muchas parejas han logrado supéralo y muy satisfactoriamente, pero en todo caso, más que la parte correctiva de estos casos, es mejor avocarse a la parte preventiva, agotando los extremos que hagan mantener la relación, y no andar alegremente y por motivos fútiles, generando heridas sentimentales y otros males a los demás.

Es necesario primero que nada saber escoger la pareja con las que se compartirá preferiblemente toda vida, y nada mejor que dejar esa tarea en manos de Dios, de esta forma El será el garante o fiador de la buena marcha de la relación.

Del mismo modo se debe tener presenta que no se trata solo de saber escoger, sino también de saber ser escogido, por tanto no conviene obsesionarse por alguien que no de muestra de ser correspondido con la misma empatía amorosa que se le tenga.

En ocasiones se utilizan los celos mismos como preámbulo o consolidación de la infidelidad, procurando neutralizar a la pareja victima mediante reproches, como acusarla de estar poseído de una terrible obsesión de duda que no haría más que llenar de amargura a la pareja victimaria.

De esta forma la víctima se inhibe de toda o casi toda actitud que le haga ver con una persona colopata, lo que aprovecha la pareja victimaria para dar rienda suelta a sus desmanes de infidelidad.

La Libertad

Los diferentes contextos que se tienen hasta ahora acerca de la libertad resultan muy paradójicos, esta imprecisión o falta de un único contexto verdadero e inequívoco, ha originado que incluso en nombre de la libertad se atente contra ella misma.

En el ambiente de la política gubernamental, resulta común que los regímenes más opresivos, se presente como fieles defensores de la libertad, sobre todo a través del contexto de democracia, y precisamente la democracia tampoco tiene un único contexto, e igual se le relaciona mucho con la libertad.

Mediante una definición única, precisa e inequívoca de la libertad, igual se pueden definir los contextos que tengan que ver con ella, incluyendo la democracia.

Podría definirse el contexto único e inequívoco de libertad, como: la posibilidad de operar discretamente dentro del radio de acción vital, de esta forma si se genera alguna indiscreción que afecte solo al individuo o que afecte a terceros, se estaría atentando contra el contexto de libertad

De igual modo: se hace necesario tener presente que el radio de acción vital, incluye regirse según los parámetros de la rigurosidad legal del sistema, por lo que mientras mayor conocimiento y manejo se tenga de esto, mayor garantía se tendría para vivir en absoluta libertad, o dicho de otro modo: a mayor conocimiento verdadero: mayor libertad.

Puesto que el manejo paradójico del contexto de libertad ha estado representando uno de los principales problemas del sistema, obviamente representa una gran medida de alivio el establecimiento de un único e inequívoco contexto.

De esta forma ya se sabe que la libertad representa un factor de solvencia operativa existencial que inexorablemente tiene que estar delimitado entre precisamente los parámetros que garanticen tal existencialidad, incluyendo la interoperatividad entre distintos factores, motivado a la capacidad de respuesta de ellos.

De alguna u otra forma, siempre se han manejado contextos muy cercanos al fiel contexto de libertad, tales como los casos, donde se hace alusión a: no confundir libertad con libertinaje, pero esta perspectiva hace referencia solo a la matriz desbordada que atenta contra el contexto de libertad.

E igualmente se hacen alusiones a no restringir la libertad, y esta perspectiva hace referencia solo con la matriz restringida que atenta contra el contexto de libertad,

Pero en realidad algunos parámetros de la matriz restringida son los que aplican para los parámetros de la matriz desbordada y viceversa, o sea: es necesario restringir la capacidad operativa hasta un nivel tope, de modo que no se genere un desbordamiento o colapso de esta, e igualmente: es necesario otorgar la máxima soltura posible o nivel tope, a la capacidad operativa de modo que

esta no se vea restringida. LML

Al contexto de libertad igual le acompañe de un gráfico explicativo, lo que facilita más aun su entendimiento:

Como se puede apreciar la libertad significa desenvolverse de una manera sensata dentro del radio de acción vital, esto es dentro del mínimo y el máximo de los parámetros existenciales del individuo, donde cualquier indiscreción o insensatez que genere un desbordamiento de tales parámetros, conduciría a irremediables situaciones de traumas o incluso la muerte.

Se entiende también que no se trata del simple desenvolvimiento dentro del radio de acción vital, sino el desenvolvimiento alejado de lo traumático, por ejemplo: no se trata simplemente de comer para mantener la vida, sino que todos los parámetros alimentarios deben estar ajeados de traumas.

Buena parte de esto tiene que ver con el hecho que no se toman en cuenta parámetros de la rigurosidad legal del sistema, y por tanto: en nombre del imperio de la libertad, o mejor dicho: de lo que muchos tendrían como contexto de libertad, se genera una falta de mesura que atenta contra el principio de libertad mismo.

O sea: contra el principio verdadero, pues se coarta la libertad de continuidad operativa y si esto ocurre, se quedaría relegado a una secuencia limitada o restringida, lo cual resulta paradójico y por tanto falso.

Las situaciones más graves se generan cuando no se toman en cuenta parámetros existenciales, o sea: no se da la mayor vigencia posible al espectro vital, pues: el ser humano está limitado a un mínimo y un máximo de operatividad existencial, y los traumas se generan cuando se sale de ese máximo y ese mínimo, o sea: de los parámetros vitales,

A manera de ejemplo: diremos que el ser humano: posee un mínimo y un máximo de ingestión de alimentos, o sea, si no come aunque sea un mínimo, se generan traumas o podría perecer por inanición, si del mismo modo come en exceso, igual podría perecer por indigestión u obesidad, y esto aplica para el contexto de parámetros existenciales.

Otros ejemplos serian el de un mínimo y un máximo de actividad cardiovascular, de un mínimo y un máximo de sueño, de un mínimo y un máximo de temperaturas que puede soportar, de un mínimo de reposo sin que pueda hacer absolutamente nada durante algún tiempo y de un máximo de la velocidad con la que podría impactar contra algunos factores sin sufrir traumas, o la muerte.

Un máximo de operatividad sin sufrir cansancio, de un mínimo de sensibilidad visual de modo que pueda ver, y de un máximo de luminosidad o encandilamiento, de modo que no le afecta la visión, de un mínimo de sonoridad de modo que pueda oír, y de un máximo de estruendo de modo que no le aturda o le dañe la audición, de una mínima dosis de algunos medicamentos de modo que puedan sanarle alguna enfermedad y de una máxima dosis de modo que no le resulte perjudicial

Igualmente pueden señalarse los ejemplos de un límite en el consumo de factores degenerativos que crean adicción, tales como licor, apuestas, drogas, sexo, etc., y que rebasado tal limite, lo hundiría en el síndrome del vicio, e igualmente de un límite en la capacidad de soportar agresión o perturbación de la sensibilidad, que generen parámetros de dolor, rabia o depresión entre otros, y la respuesta que en defensa propia pueda hacer este contra su agresor, etc.

Del mismo modo: se señalan, las restricciones o falta de restricción en la necesidad de información, donde se da lugar a caóticas situaciones de inducción a la pérdida de vidas humanas, heridas a la sensibilidad y degeneración generalizada cuando no hay límites en la difusión de la información, e igualmente a los traumas derivados de indebidas restricciones de la capacidad operativa del ser humano, tanto en la necesidad de informar, como en la de estar informado.

Los casos de inmigración ilegal representan un grave caso de atentar contra la libertad ajena y la propia, pues crean una fuerte problemática de operatividad y control en el país afectado, al no tomarse en consideración las limitaciones de la capacidad operativa de este, y de irrespeto a derechos de propiedad, argumentándose en muchos casos criterios paradójicos de necesidad propia, o de una eventual motivación de buenos propósitos,

Pero subestimándose que el hecho mismo de entrar y permanecer en forma ilegal en otro país, es ya un hecho reprochable, y que se agrava en medida proporcional a la magnitud del número de estos casos, e igualmente en la medida donde algunos individuos arriesgan su libertad de vivir, al rebasar los parámetros de la capacidad operativa de por ejemplo una embarcación, o de la hostilidad de terrenos desérticos entre otros peligros.

Obviamente: si tales parámetros o limitaciones no se toman en consideración: la vida del ser humano sería una especie de ruleta rusa, donde las posibilidades de sufrir severos traumas o de perder la vida, serían inminentes a cada rato, tal como efectivamente le ocurre a muchos, y dentro de lo más grave de esto: puede mencionarse que tales imprudencias extremas, muchas veces se realizan enmarcadas precisamente en nombre de la libertad.

Pero si acaso aplica en estos casos algún contexto que pueda resultarle sinónimo a la libertad, sería el de libertad para suicidarse, pero aun así: tal contexto resulta paradójico, pues en realidad aplicaría es el de someterse a la esclavitud de la muerte, pues el contexto de libertad es absoluto, y por tanto no aplica contra si mismo, y en este caso diremos que no aplica contra la libertad de vivir.

Esto quiere decir que: si no se es esclavo de la libertad de vivir, inexorablemente se es esclavo de la muerte, pues no hay vida: sino muerte, más allá de los parámetros vitales, y tampoco aplica el de libertad de morir, sino el de renunciar a la libertad de vivir, pues si no existiera posibilidad de renunciar a la libertad, solo existiría la libertad, o dicho de otro modo: todo fuese exclusivamente libertad, por tanto: la libertad solo aplica si existe un marco operativo existencial con criterio absoluto y por voluntad propia.

Esto hace que todo aquel que no renuncie a la libertad, en el peor de los casos estaría bajo estatus absoluto de cautivo, pero no de esclavo en términos absolutos, a menos que precisamente sea esclavo de la libertad misma, lo cual quiere decir que no se estaría sujeto a otra directriz, sino a la que dicte la libertad. Para algunos efectos donde se realiza ciertos trabajos sin paga, también aplica el contexto de esclavo pero solo en forma relativa.

Esto permite establecer que no toda esclavitud es reprochable, sino que existe una esclavitud benévola, y otra malévola, siendo la benévola, aquélla dictada por quien posea el poder absoluto del sistema, o sea: por Dios todopoderoso, y siendo la malévola, aquélla que no reconozca el poder absoluto de Dios todopoderoso, lo que le hace quedar como esclavo del poder relativo de las fuerzas del mal, y del dolor a manera de tormento y de la muerte. LML

El contexto de libertad igualmente aplican para los casos de interoperabilidad entre los distintos factores, tanto animados o vivos, como inanimados, pero donde actué por lo menos un factor vital, de este modo: si un factor coarta las posibilidades operativas existenciales a otro, se expone a una respuesta de defensa de la libertad operativa propia o defensa propia, que podría ser del tipo terminal en algunos casos.

Esto permite establecer que: en los casos de interoperatividad: se hace necesario salvaguardar la libertad operativa ajena, para de esto modo también: salvaguardad la libertad operativa propia. O dicho de otro modo: para salvaguardar la libertad operativa propia, se hace necesario también: salvaguardar la libertad operativa ajena.

Y puesto que lo peor sería subestimar la capacidad operativa de cualquier factor, se hace necesario tener muy presente el principio de secuencia, pues lo que parecía dominable en un principio, podría luego adquirir contexto de supremacía, y se realizaría entonces el intrínseco ajuste de cuentas.

Esto obliga a estar pendiente de las responsabilidades compartidas, de modo que cada quien tenga que llevar su carga de responsabilidad operativa, tanto los más poderosos como los menos, y no andar buscando y rebuscando criterios que permitan restringir la capacidad operativa de algún factor hacia parámetros derrotistas o de auto subestimación.

U otorgándose preferencias sobre medidas, tanto a los de mayor solvencia operativa como a los de menos, y esto incluye los casos donde se restringen las posibilidades de continuidad existencial, induciendo o interviniendo directamente en un desbordamiento de los parámetros existenciales del individuo.

San juan 8

31. Decía, pues, a los judíos, que creían en él: Si perseverareis en mi palabra, seréis verdaderamente discípulos míos.

32. Y conoceréis la verdad, y la verdad os hará libres.

La dualidad del contexto de libertad, implica parámetros entre los límites de lo existencial y lo no existencial, entre los límites de un máximo y un mínimo que garanticen la vida y eviten la muerte.

Resulta conveniente tener una visión global del sistema y para ello diseñe un mapa conceptual:

Capítulo IV

Mapa Conceptual De Los Componentes Básicos Del Sistema

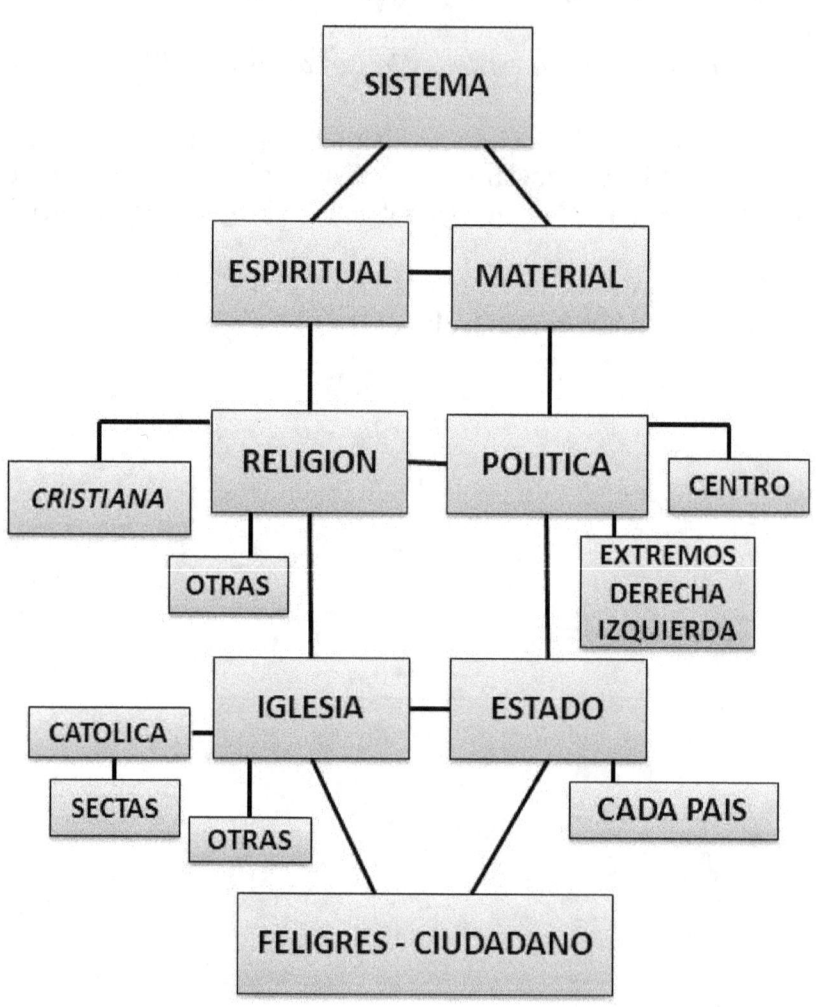

El Sistema

E l sistema representa el marco operativo global donde confluyen todos los elementos y existe una correlación directa o indirecta entre ellos. Como elementos inmediatos existen el elemento espiritual y el elemento material, y ambos son complementarios, del elemento espiritual deriva el religioso y del material el político, e igualmente ambos son complementaros.

Esta correlación complementaria entre el elemento religioso y el político los define a ambos con relación al sistema, por tanto la definición de religión sería la de ser el complemento de elemento político y la de política la ser el complemento del elemento religioso.

Puesto que el elemento espiritual creó al elemento material y de este deriva el elemento político, (al menos para la doctrina cristiana), hace que quede definida la política como el complemento de la religión cristiana, en sentido absoluto, pero en sentido relativo, la definición de política, sería la de ser el complemento del elemento religioso.

Particularmente yo prefiero llamar geopolítica a la correlación entre el elemento espiritual y el elemento material, independiente de otros conceptos que generalmente tienen que ver también con el factor geográfico.

Esta definición de geopolítica indica que se trata de un contexto dual, o sea: se hacen necesarios dos contextos o sub contextos para definir un contexto relacionado.

Tanto el elemento religioso como el político poseen operatividad propia y exclusiva con relación a ellos mismos, lo que hace obligatorio el respeto de la autonomía de cada elemento entre ellos mismos.

Puesto que para el manejo de la religión se hace necesario el manejo de factores y parámetros pertenecientes al elemento espiritual, y el convencimiento o fe que se tenga de ellos no es del dominio de todos, en cambio para el manejo del elemento político solo hace falta lo que es a evidente a todos.

En los trabajos de campo acerca del contexto de política que tendrían algunos y por tanto: el ambiente global, según la proyección de tal muestreo: se obtuvieron resultados de casi todo tipo, menos del mas fundamental contexto de política, y obviamente esto no implica que en todo el ambiente global no exista quienes si tendrían tal contexto, pero si es representativo la gran confusión que existe al respecto, pues generalmente se le contextualiza solo sectorialmente o en forma superflua.

Dentro de estos criterios se obtuvieron apreciaciones tales como: simplemente algo muy amplio y complejo, un juego de ideologías, algo muy profundo, todo lo relacionado con los partidos políticos, todo lo relacionado con los criterio de gobernabilidad y estado, todo lo que tenga que ver con elecciones para elegir gobernantes, gobernar de cualquier manera, etc., pero en ningún caso se obtuvieron muestras que definían a la política como simplemente: el complemento del elemento religioso. LML

Religión

El elemento religioso representa el marco institucional del la espiritualidad y de este se deriva la iglesia, y el político el cual representa el marco institucional del elemento material deriva el estado.

Puesto que la religión cristiana es la religión que profesa el autor, el cual considera a esta la única y verdadera y a su vez considera a la iglesia católica como la única representante oficial de la religión cristiana, igualmente se respeta y deja a criterio de todo aquel que profese otra fe religiosa, los criterios que según su buen parecer serían los verdaderos.

La oficialidad de la religión cristiana católica, aplica para todo creyente en todos los países, y su sede se encuentra en la ciudad estado del Vaticano, no así el ideal político complementario de la religión cristiana, el cual está representado por el centro político, y que en muchos casos por lo general no se encuentra adecuadamente definido, y esto resulta obvio pues ni siquiera hasta ahora ha estado definida la política como simplemente el complemento del elemento religioso.

Los ciudadanos pueden ser tanto practicantes religiosos como practicantes políticos, pero deben guardar las respetivas diferencias entre uno y otro elemento, tanto en la cotidianidad como en asuntos de estado y gobierno, procurando en todo momento que este sea del tipo laico, o sea: independiente relativo de la religión, pero absolutamente complementario de esta.

Puesto que existen varias religiones, a manera de planteamiento suposicional: se supone que solo una sea la verdadera, y el esclarecimiento de cuál será la verdadera vendrá dado a través del elemento político, donde la doctrina geopolítica de la religión que guarde la más estrecha correlación entre los componentes básicos del sistema será definitivamente la única y verdadera.

La correlación entre la religión y la política es fundamental para el desenvolvimiento armónico de los ciudadanos y el sistema y esa armonía depende de la correcta correlación que se haga con la rigurosidad legal del sistema, ya que ello marca las pautas a seguir según el orden puesto por el Dios único y verdadero.

Mediante el mapa contextual de los elementos básicos del sistema intento ofrecer una perspectiva de los elementos y su funciones, pero esa contextualización no es suficiente para operar adecuadamente si no se toma en consideraron el estatus u orden establecido para del sistema.

Capítulo V

Resumen De La Existencia Humana En Sentido Religioso

Ya indiqué cuales son los dos mandamientos globales, pero aplican términos y condiciones que igual son necesarios tomar en cuenta, y para ello ofrezco el resumen del origen de los acontecimientos, el estatus actual y lo que está señalado por venir, que ofrecí uno de mis anteriores libros; AP: C E

Génesis 2
15 Tomó, pues, Jehová Dios al hombre, y lo puso en el huerto de Edén, para que lo labrara y lo guardase.

16 Y mandó Jehová Dios al hombre, diciendo: De todo árbol del huerto podrás comer;

17 más del árbol de la ciencia del bien y del mal no comerás; porque el día que de él comieres, ciertamente morirás.

Dios dicta dos preceptos a Adán el primer hombre: uno: autorizándolo a comer de todos los frutos de los árboles del paraíso si fuese su deseo y otro: prohibiéndole comer del fruto del árbol de la ciencia del bien y el mal, ya que infaliblemente morirá si eso ocurriere algún día.

Génesis 3
1. Pero la serpiente era astuta, más que todos los animales del campo que Jehová Dios había hecho; la cual dijo a la mujer: ¿Conque Dios os ha dicho: No comáis de todo árbol del huerto?

2. Y la mujer respondió a la serpiente: Del fruto de los árboles del huerto podemos comer;

3. pero del fruto del árbol que está en medio del huerto dijo Dios: No comeréis de él, ni le tocaréis, para que no muráis.

4. Entonces la serpiente dijo a la mujer: No moriréis; 38

5. sino que sabe Dios que el día que comáis de él, serán abiertos vuestros ojos, y seréis como Dios, sabiendo el bien y el mal.

6. Y vio la mujer que el árbol era bueno para comer, y que era agradable a los ojos, y árbol codiciable para alcanzar la sabiduría; y tomó de su fruto, y comió; y dio también a su marido, el cual comió así como ella.

7. Entonces fueron abiertos los ojos de ambos, y conocieron que estaban desnudos; entonces cosieron hojas de higuera, y se hicieron delantales.

Génesis 3

22. Y dijo Jehová Dios: He aquí el hombre es como uno de nosotros, sabiendo el bien y el mal; ahora, pues, que no alargue su mano, y tome también del árbol de la vida, y coma, y viva para siempre.

23. Y lo sacó Jehová del huerto del Edén, para que labrase la tierra de que fue tomado.

24. Echó, pues, fuera al hombre, y puso al oriente del huerto de Edén querubines, y una espada encendida que se revolvía por todos lados, para guardar el camino del árbol de la vida

Generalmente se tiene entendido que los problemas del hombre comenzaron al momento que Adán comió del fruto del árbol de las ciencias del bien y del mal, o fruto prohibido.

Pero analizando en profundidad y haciendo comparaciones con hechos posteriores, los problemas realmente habrían comenzado desde el momento en que Adán no procuró algún resguardo respecto a parámetros de fidelidad que Dios le estableció, de modo que no le hubiese sido posible pecar contra Él.

Esto pudo haberlo conseguido Adán, pidiéndole a Dios que no lo dejara caer en la eventual tentación de tocar o probar del fruto prohibido, este hecho hubiese sido suficiente para que Adán quedase librado de pecar.

Pues Dios mismo sería garante que tal hecho no existiría, ya que no sería la eventual debilidad de Adán la que estaría expuesta, sino el poder de Dios todopoderoso en impedirlo, por lo que el haber comido del fruto prohibido representa es la consumación de una circunstancia que ya andaba torcida.

Igualmente en análisis profundo, si lo referente al fruto prohibido no tuviese condición absoluta, tal vez Dios hubiese permitido a Adán probar del fruto sin que se contara como pecado, si este hubiese solicitado un resguardo, pero si el fruto tuviese condición absoluta no se le hubiese permitido, tal como efectivamente si tiene condición absoluta el fruto del árbol de la vida, el cual contiene la condición de otorgar vida eterna a quien pruebe de él y ello no puede ser revertido luego.

La condena a muerte sobre el hombre es absoluta, o sea: no puede ser revertida, pero si es relativa la condición de permanecer en la muerte, o sea que por ser relativa la muerte, entonces se podría regresar luego a la vida o resucitar en caso que las circunstancias lo permitan.

Y efectivamente tanto amó de Dios al mundo, que envió a su hijo unigénito, o sea: a nuestro señor Jesucristo, como sacrificio propiciatorio por los pecados de hombre, muriendo crucificado, de modos que estos sean borrados por tal hecho, y tal circunstancia se consigue creyendo que efectivamente nuestro señor Jesucristo murió crucificado para lavar nuestros pecados. No todos dormiremos.

Para estos efectos, la misión del Cristo no consistió solo en redimir los pecados muriendo crucificado, sino también resucitar de entre los muertos, el cual consiguió al tercer día de haber sido muerto y enterrado, y con esto: todo el que crea que efectivamente nuestro señor Jesucristo resucitó al tercer día, conseguirá la vida eterna.

En esto es bueno hacer énfasis en que para el hombre, el perdón de los pecados y la resurrección no son automáticos con la muerte y resurrección del Cristo, sino que se debe creer que efectivamente fue así para que tengan efecto valedero.

Nuestro señor Jesucristo no solo otorgó al hombre la posibilidad de ser librado del pecado de muerte y de resucitar una vez se haya muerto, sino que también nos ofreció la posibilidad de evitar el pecado, entre otros, mediante la maravillosa oración del padre nuestro, del cual hay referencia en el libro de:

Mateo 6: 9
Esta oración comienza con una especie de protocolo de presentación y veneración o reverencia:
"9. Vosotros, pues, oraréis así: Padre nuestro que estás en los cielos, santificado sea tu nombre;"

Luego una exhortación a instaurar el reino de Dios en la tierra, y al reconocimiento a que prevalezca su voluntad en la tierra como en el cielo.
"10. Venga tu reino. Hágase tu voluntad, como en el cielo, así también en la tierra."

Seguidamente una súplica a que Dios nos provea del indispensable pan o alimento diario
"11. El pan nuestro de cada día, dánoslo hoy;"

Debido que inexorablemente somos pecadores, entre otros: de pensamiento, palabra, obra y omisión, imploramos perdón por las fallas cometidas, de la misma manera que perdonamos a quienes nos ofenden
"12. Y perdónanos nuestras deudas, como también nosotros perdonamos a nuestros deudores."

Viene luego una exhortación a Dios a que no nos deje caer en las tentaciones, y con esto aprovechamos para referirnos a la eventualidad que hubiese salvado a Adán del pecado, si hubiese tenido disponible una figura de resguardo, como esta parte de la oración del padre nuestro que nos brinda nuestro señor Jesucristo.

O sea: Adán se confió en su fuerza de voluntad para evadir al pecado, lo cual no fue suficiente tal como ocurrió tras haberlo consumado, envés de haber dejado las circunstancias en mano de la voluntad de Dios.

Pero como lo de Adán ya es algo consumado y que nos afecta a todos, si sería contraproducente que contando nosotros con esta valiosa figura de salvación, no procuremos en extremo, hacernos de los beneficios de ella, sobre todo sabiendo las terribles consecuencias que puede traer la infidelidad y falta de amor total hacia Dios.

Igualmente se hace un ruego a que Dios nos libre de todo mal, pues por muy efectivas que puedan ser los mecanismos de defensa con los que podamos contar, obviamente nada supera la protección que pueda brindarnos Dios todopoderoso.

Y finalmente se hace un reconocimiento a la suprema majestad de Dios que perdura por todos los siglos, a todo esto se le añade la partícula amén como sinónimo de gran empeño sobre los que se dice.

"13. Y no nos metas en tentación, mas líbranos del mal; porque tuyo es el reino, y el poder, y la gloria, por todos los siglos. Amén."

Visto esto podemos vislumbrar parte del orden establecido para la humanidad, el cual aplica de manera absoluta, y a todo individuo de todos los credos y religiones, incluso los que renieguen de la existencia de Dios, el cual comenzó con el primer precepto o mandamiento instaurado para el hombre, exclusivamente a Adán el primer hombre, donde Dios le prohibía comer del fruto del árbol prohibido.

Luego le estableció diez mandamientos para todos los hombres, donde igual le impartió una serie de recomendaciones y prohibiciones, pero que luego fueron derogados y finalmente estableció dos únicos preceptos, donde no existen prohibiciones, sino criterios de amor a Dios y al prójimo.

Estos eran los diez mandamientos
Éxodo 20
3. No tendrás dioses ajenos delante de mí.
4. No te harás imagen, ni ninguna semejanza de lo que esté arriba en el cielo, ni abajo en la tierra, ni en las aguas debajo de la tierra.
5. No te inclinarás a ellas, ni las honrarás; porque yo soy Jehová tu Dios, fuerte, celoso, que visito la maldad de los padres sobre los hijos hasta la tercera y cuarta generación de los que me aborrecen,
6. y hago misericordia a millares, a los que me aman y guardan mis mandamientos.
7. No tomarás el nombre de Jehová tu Dios en vano; porque no dará por inocente Jehová al que tomare su nombre en vano.
8. Acuérdate del día de reposo para santificarlo.
9. Seis días trabajarás, y harás toda tu obra;
10. mas el séptimo día es reposo para Jehová tu Dios; no hagas en él obra alguna, tú, ni tu hijo, ni tu hija, ni tu siervo, ni tu criada, ni tu bestia, ni tu extranjero que está dentro de tus puertas.
11. Porque en seis días hizo Jehová los cielos y la tierra, el mar, y todas las cosas que en ellos hay, y reposó en el séptimo día; por tanto, Jehová bendijo el día de reposo y lo santificó.
12. Honra a tu padre y a tu madre, para que tus días se alarguen en la tierra que Jehová tu Dios te da.
13. No matarás.
14. No cometerás adulterio.
15. No hurtarás.
16. No hablarás contra tu prójimo falso testimonio.
17. No codiciarás la casa de tu prójimo, no codiciarás la

mujer de tu prójimo, ni su siervo, ni su criada, ni su buey, ni su asno, ni cosa alguna de tu prójimo. AP: CE

Libre Albedrio

Dios creo al hombre y le otorgó libre albedrio, de modo que todas las acciones de hombre sean de su total responsabilidad, o sea: no creó Dios al hombre al estilo de un robot dirigido por algún medio remoto o de una marioneta dirigida mediante unos hilos.

No obstante estar dotado el hombre de libre albedrio, no le conviene confiarse en sí mismo sino en Dios, otorgándole la voluntad propia a El mismo, lo que permite establecer que lo peor es pretende irse con la ¨cabuya en la pata¨ respecto a voluntad.

Lucas 22
41. Cuando llegó a aquel lugar, les dijo: Orad que no entréis en tentación.
42. Y él se apartó de ellos a distancia como de un tiro de piedra; y puesto de rodillas oró,
43. diciendo: Padre, si quieres, pasa de mí esta copa; pero no se haga mi voluntad, sino la tuya.
44. Y se le apareció un ángel del cielo para fortalecerle.

Al igual que el hombre, ya habían sido creados criaturas espirituales llamados ángeles, de los cuales algunos se rebelaron contra Dios y fueron degradaos a la condición de demonios o ángeles caídos.

El principal de esos demonios o es el llamado Diablo o Satanás, lo que indica que el diablo es solo uno, pero demonios son todos los ángeles caídos, al diablo le fue dada potestad relativa sobre algunas cosas, entre ellas procurar pervertir a los hombres o seres humanos de la debida fidelidad a Dios creador.

Sobre la correlación entre los términos hombre, mujer y seres humanos, es bueno aclarar que Dios creó al primer ser humano al cual llamó genéricamente hombre y singularmente Adán, luego consideró que no era bueno que el hombre estuviera solo y de la costilla de Adán creo luego a la mujer poniéndole por nombre Eva.

Luego de esto hubo una bifurcación del hombre o ser humano, donde el primer hombre pasó a ser varón, pero igualmente siguió conservando la denominación de hombre, mientras que la mujer fue transformada en hembra, pero como en esencia el termino hombre es sinónimo y hace referencia también al ser humano y la mujer o hembra es también un ser humano, resulta totalmente valido referirse como *el hombre* a ambas creaturas, solo que para consideraciones de sexo, resulta conveniente establecer diferencias.

Dado el poder de las fuerzas espirituales malignas, quienes desde un principio ya habrían conseguido torcer al hombre, y de sus permanentes embestidas, lo más lógico es procurar la más estrecha protección de Dios todopoderoso, ejerciendo fielmente las disposiciones reglamentarias que El estableció para ello.

Para esto se recomienda tener presente los mandamientos, la oración del padre nuestro, y la biblia en general, sin olvidar también el regirse por las leyes naturales del sistema, las cuales son complementarias del elemento espiritual.

La oración y el ayuno, el cual también son una forma de penitencia, ayudan considerablemente a embestirse de poder suficiente para derrotar al mal incluso a sus factores más poderosos:

Mateo 9 23: 29
23. A lo que Jesús le dijo: Si tú puedes creer, todo es posible para el que cree.
24. Y luego el padre del muchacho, bañado en lágrimas, exclamó diciendo: ¡Oh Señor, yo creo; ayuda tú mi incredulidad!
25. Viendo Jesús la gente que iba acudiendo, amenazó al espíritu inmundo, diciendo: Espíritu sordo y mudo, yo te lo mando, sal de este muchacho, y no vuelvas más a entrar en él.
26. Y dando un gran grito, y atormentando horriblemente al

joven, salió de él dejándolo como muerto; de suerte que muchos decían: Está muerto.

27. Pero Jesús, cogiéndolo de la mano, le ayudó a alzarse, y se levantó.

28. Cuando entró Jesús en la casa donde moraba, sus discípulos le preguntaban a solas: ¿Por qué motivo nosotros no le hemos podido lanzar?

29. Les respondió: Esta raza de demonios por ningún medio puede salir, sino a fuerza de oración y de ayuno.

Puesto que fue la voluntad de Dios crear al hombre dotado de libre albedrio, resulta muy importante mantener vigente la voluntad creadora de Dios en la interrelación entre los individuos, sobre todo cuidándose mucho de las vicisitudes entre lo factible y lo prohibido, esto es: que el hecho que algo sea factible, no por ello deja de ser prohibido.

Doblegar la voluntad del hombre, por lo general no resulta difícil, al menos por parte de quienes se dedican a ello, y los, mecanismos y propósitos generalmente son los mismos, solo que a través del tiempo se van introduciendo modalidades o se reeditan las anteriores, lo que hace obligatorio mantener un recordatorio de las modalidades superadas.

Históricamente los objetivos más comunes serían: doblegar con propósitos de esclavitud, de adhesión a determinada causa, sobre todo política y o religiosa, procurar algún objetivo económico o social, celos de todo tipo, ambición, neutralización preventiva con la intención de defensa sobre algún inconveniente, etc.

Las técnicas más comunes serían las amenazas mortales directas, la extorción, el chantaje, la manipulación mental y engañosa, las promesas electorales, las doctrinas e ideales lisonjeros y lambiscones, control sobre los factores vitales, control sobre alimentos y los factores que generan adicción y el vicio.

A diferencia de los primeros seres humanos Adán y Eva, quienes fueron hechos adultos desde el momento mismo de ser creados y por tanto podían procurar por ellos mismos sus factores vitales, no ocurre así con todos nosotros sus descendientes, quienes primero tenemos que ser engendrados el vientre de una madre y nacer luego bajo condición de estar sujetos a la asistencia de nuestros padres para ser alimentados y de la guía y cuidados hasta que podamos ser autosuficientes en matera vital.

En este tipo de correlación entre padres e hijos, a menudo se generan traumas por el inadecuado manejo del contexto de la libertad, donde los hijos procuran tendencia hacia los parámetros desbordados y los padres hacia los restrictivos, pero tales vicisitudes generalmente se hacen en función del amor.

Una vez alcanzada la edad donde los hijos pueden desenvolverse con relativa alta autonomía, por lo general continúan sucediéndose estos casos, ya no tanto por el cuidado que puedan ofrecer los padres, sino por el temor hacia los peligros externos, sobre todo en los lugares de alto índice delictivo o criminalidad, este tipo de situaciones se puede mitigar mediante una adecuada comunicación.

Optimización Existencia

Dios no tiene por rutina comunicarse directamente con los hombres, sino mediante intermediaros, generalmente ángeles y también mediante hombres a quienes se les concede el don de profetas, estos pueden recibir el mensaje divino de distintas formas, bien sea revelación directa, inspiración, interpretación, sueños, etc.

Esto hace que con relación a lo que pueda proceder de parte de Dios con respecto a los hombres, que preferiblemente se indague cuáles pueden ser los mensajes comunicados a sus profetas, y puesto que hay falsos profetas, se hace necesario procurar distinguir entre estos y los verdaderos.

Igualmente debe evitar hacer comunicados propios en sentido profético, ya que hacer de falso profeta, representa una circunstancia merecedora de severo castigo.

Mateo 7:15
15. guardaos de los falsos profetas que vienen a vosotros disfrazados con pieles de ovejas, mas por dentro son lobos voraces.

Marcos 22
22. porque se levantarán falsos cristos, y falsos profetas, los cuales harán milagros y prodigios para seducir, si se pudiese, a los mismos escogidos.

Lucas 6:26
26. ¡ay de vosotros cuando los hombres os aplaudieren!, que así lo hacían sus padres con los falsos profetas.

Hechos 13;6
10. le dijo: ¡oh hombre lleno de toda suerte de fraudes y embustes, hijo del diablo, enemigo de toda justicia! ¿no cesarás nunca de procurar trastornar o torcer los caminos rectos del señor?

Pedro 2:1:
1. Verdad es que hubo también falsos profetas en el antiguo pueblo de Dios, así como se verán entre vosotros, maestros embusteros, que introducirán con disimulo sectas de perdición, y renegarán del Señor que los rescató, acarreándose a sí mismos una pronta venganza.

2. Y muchas gentes los seguirán en sus disoluciones; por cuya causa el camino de la verdad será infamado;

3. y usando de palabras fingidas, harán tráfico de vosotros, por avaricia; mas el juicio que hace tiempo que los amenaza va viniendo a grandes pasos, y no está dormida la mano que debe perderlos.

1 Juan 4:1
1. Queridos míos, no queráis creer a todo espíritu, sino examinad los espíritus si son de Dios, o siguen su doctrina; porque

se han presentado en el mundo muchos falsos profetas.

Apocalipsis 20
9. Entonces fue presa la bestia, y con ella el falso profeta que a vista de la misma había hecho prodigios, con que sedujo a los que recibieron la marca de la bestia, y a los que adoraron su imagen. Estos dos fueron lanzados vivos en un estanque de fuego que arde con azufre.
10. y el falso profeta serán atormentados día y noche por los siglos de los siglos.

El don de profetizar es solo uno de varios, pero de todos modos genéricamente se le llama profeta a todos los ungidos con algún don espiritual, siendo estos: apóstoles, profetas, sacerdotes, dones de curación, dones de traducción de lenguas.

Todo el sistema está sujeto a un orden o rigurosidad legal, igualmente todo lo que acontece y acontecerá al menos en forma macro, ya está escrito o anunciado por los profetas que recibieron esas visiones de parte de Dios, y tales hechos son de fiel cumplimiento:

Mateo 24
35El cielo y la tierra pasarán, pero mis palabras no pasarán.
36. Pero del día y la hora nadie sabe, ni aun los ángeles de los cielos, sino sólo mi Padre.

Esto hace que estando anunciado los acontecimientos venideros y siendo estos de fiel complimiento, no conviene andar a la deriva respecto al cotidiano vivir y al futuro, sino guiarse según lo anunciado por los santos profetas, y en un ambiente donde mantenerse fiel a estos mensajes incluye recompensa, pero sanción a quiénes se comporten contrario a lo anunciado.

Los mensajes proféticos contienen parámetros pertenecientes tanto a los elementos religioso y espiritual, como al político y el material, por lo que igualmente conviene saber distinguir, lo relacionado con cada uno de ellos, los religiosos generalmente están enmarcados dentro de la fe y los políticos dentro de lo material con énfasis en lo gubernamental y lo económico, sin olvidar que ambos elementos son correlativos.

Lo anunciado igualmente posee contenido tanto de salvación como de condena, donde obviamente lo deseado es guiarse según el de salvación, y mantenerse alejado del contenido de condena, pero esto no es fácil, por motivos que van desde la inclinación misma del corazón del individuo haca lo bueno o lo malo, la capacidad intelectual que igualmente posea para esto, y sobre todo la cercanía lo más estrecha posible hacia Dios.

La inclinación del corazón es indispensable para mantenerse por el camino del bien, pero como hemos visto con relación a los contextos del bien y la libertad, no siempre se sabe a ciencia cierta cuales serían los veuederos conceptos de las cosas, incluso muy importantes y elementales, lo que obliga a una búsqueda de la reafirmaron o precisión de los conceptos, incluyendo aquellos tenidos como muy firmes.

También será necesaria la creación de nuevos conceptos o perspectivas, y esto siempre se ha procurado en demasía, a tal extremo que la abundancia de tales, tanto en calidad y sobre todo en cantidad, ha venido a representar buena parte de la problemática, lo que a su vez obliga a una depuración de contextos.

La precisión sobre los contextos del bien y la libertad aquí referidos, arroja un indicio sobre la complejidad acerca del esclarecimiento de contextos muy arraigados que creyéndose estar manejados de una forma muy precisa, en realidad no lo eran tanto, y que posiblemente más que un arduo trabajo de investigación, se necesitara también estar dotado de un significativo nivel de inteligencia para develarlos.

Esto no sonaría raro si se conoce acerca de las vicisitudes del intrincando mundo de la investigación científica, sin descartar tampoco, las bondades y maravillas de la fe, ya que mediante ella, no es estrictamente necesario disponer de una alta intelectualidad previa para ejercer de intelectual de primera línea incluso de manera instantánea.

Hechos 4:8

4. Entonces fueron llenados todos del Espíritu Santo, y comenzaron a hablar en diversas lenguas las palabras que el Espíritu Santo ponía en su boca.

5. Había a la sazón en Jerusalén, judíos piadosos, y temerosos de Dios, de todas las naciones del mundo.

6. Divulgado, pues, este suceso, acudió una gran multitud de ellos, y quedaron atónitos, al ver que cada uno oía hablar a los apóstoles en su propia lengua.

7. Así pasmados todos, y maravillados se decían unos a otros: ¿Por ventura estos que hablan, no son todos galileos, rudos e ignorantes?

8. Pues ¿cómo es que los oímos cada uno de nosotros hablar nuestra lengua nativa?

1 Corintios 1

4. Gracias doy a mi Dios siempre por vosotros, por la gracia de Dios que os fue dada en Cristo Jesús;

5 porque en todas las cosas fuisteis enriquecidos en él, en toda palabra y en toda ciencia

6. así como el testimonio acerca de Cristo ha sido confirmado en vosotros.

2 Corintios 10

4. porque las armas de nuestra milicia no son carnales, sino poderosas en Dios para la destrucción de fortalezas, derribando argumentos

5 y toda altivez que se levanta contra el conocimiento de Dios, y llevando cautivo todo pensamiento a la obediencia a Cristo.

Singularidad Genérica

Muchos acontecimientos ocurren de una manera muy particular las cuales llamo yo singularidad genérica, y los defino como los casos o fenómenos donde algunos factores resultan ser manejados bajo absoluta o relativa evidencia solo por determinado número de operadores, generándose una polarización entre creyentes y no creyentes de la veracidad de ellos, pero resulta muy difícil, utópico o prácticamente imposible, reunir evidencias convincentes, principalmente técnicas, que permitan ser abordadas por cualquier interesado o pasen a ser evidencia genérica, o existencialidad simple.

Las situaciones no se limitan solo a la correlación entre quienes consiguen creer por motivo de tener evidencia genérica y quienes no creen por no tener evidencia suficiente, sino también quienes consiguen creer por motivo de los convincentes argumentos expuestos por los aducidos o terceros.

La singularidad genérica guarda mucha similitud con el dogma de la fe, en relación a un sector que cree en la existencia de Dios y otro que niega su existencia, y en este caso llegar a creer en Dios, depende exclusivamente de Dios mismo, mas no de otro individuo, para que ninguno se vanaglorie.

Esto es muy importante tenerlo presente para todo individuo que consiga alcanzar la fe, que es por voluntad de Dios y no por argumento de hombres, por muy esmerado que parezca algún esfuerzo que se haya hecho al respecto, y esto incluye la aparente convicción que algunos que su fe es por motivo propio, lo que indica que para alcanzar la fe, primero se debe pedir a Dios que la otorgue, y hacer peticiones a Dios al respecto, si es algo valido.

Mateo 7
22 No todo el que me dice: Señor, Señor, entrará en el reino de los cielos, sino el que hace la voluntad de mi Padre que está en los cielos

Si bien el contexto de profeta representa a alguien ungido por Dios con el don espiritual de profecía, para servir como intermediario entre Él y los hombres, existe la tendencia a suponer que profeta y profecía solo tienen que ver con anuncios sobre el futuro, pero en realidad esa es solo parte del contexto global.

Al igual que la fe, la profecía también posee parámetros de singularidad genérica, pues implica eventualmente creer en algo con pruebas o falta de ellas, aparentemente muy subjetivas, solo que en el ambiente o dogma de la fe, no se admiten dudas, por lo que el contenido subjetivo o no de la falta de pruebas debe tomarse como evidencia suficiente.

En cambio en la singularidad genérica que no guarde relación con la fe, creer o dudar no implica compromiso alguno o en caso de existir seria solo relativos, la relativa falta de factores tangibles de convicción en la singularidad genérica, permite a los engatusadores de oficio o circunstanciales, procurar obtener benéficos de eventuales incautos, intentando dar como muy cierto algo que ellos saben es falso, incluso no estarían seguros, pero aun así lo intentan.

La fe no siempre la predican los elegidos por Dios para tal propósito, sino que existen falsos predicadores que procuran apartar a la gente de la fe cuando la tienen o para que no la alcancen cuando no la tienen, y cuando consiguen desviar a la gente de la fe, en ocasiones los hacer caer en inequidades peor a la de los farsantes.

Con la singularidad genérica simple, se procura alertar a la gente sobre hechos o fenómenos, de relativa consideración excepcional, como los casos de fantasmas o el fenómeno Ovni, este tipo de fenómenos es muy codiciado por los medios de comunicación, por el contenido sensacionalista, lo demás sigue la misma dinámica del chisme.

Operatividad Colectiva Política

En casi todo lo anterior hemos observado lo relacionado con el elemento religioso y las relaciones interpersonales, ahora observaremos la operatividad entre el estado y las organizaciones de casi todo tipo y los ciudadanos desde el elemento político, y manteniendo la perspectiva simbiótica, sobre todo en base o procura de la correlación armónica y recordando que el elemento político es el complemento del elemento religioso.

Salvo raras excepciones, el hombre siempre ha vivido en comunidad, bien sea tribal, en núcleos poblados y países de indistinta densidad demográfica, y desde época reciente ha aumentado de manera significativa las correlación entre todos estos factores mediante la globalización, lo que hace que desde algunas perspectivas todas las comunidades han conformado una sola comunidad global.

La comunidad global forma parte del mundo entero donde coexisten comunidades de alguna otra forma ajenas a ella, del mismo modo que existen también los animales, plantas, microorganismos, el universo y también existe el elemento espiritual, conformando todos el sistema, y enfocaremos primero al hombre desde las perspectivas más íntimas e inmediatas, para lo cual ya he adelantado algunos detalles.

Independiente de todo lo relacionado al sistema, se hace necesario partir del hombre como factor primario y protagonista de su propia operatividad y la correlación con los demás factores, las cuales pueden ser de los distintos tipos simbióticos.

El hombre fue creado bajo un estricto orden natural, incluyendo la potestad del libre albedrío, y tendría como primer reglamento procurar mantener su contexto existencial, y si analizamos los contextos redefinidos expuestos de libertad o bien, nos damos cuenta de lo difícil que le resulta mantener vigente su contexto existencial sin la posibilidad de atentar contra el de forma directa o indirecta.

De hecho esto es lo que se ha visto siempre, al hombre valiéndose de toda suerte de vicisitudes tratando de mantener esa vigencia, o sea: tratando de mantenerse vivo, en ocasiones casi despreocupado o sin mucho afán, cuando las circunstancias se presentan favorables, y otras embargado por la angustia, el desespero, el colapso emocional,   convulsionado o a punto de estarlo, herido de gravedad, etc., o finalmente fallecido.

Como primer enemigo inmediato se encuentra la muerte, incluso antes de nacer, ya que resulta difícil establecer hasta qué punto se le pueda considerar solo un prospecto de hombre o un hombre con todas las de la ley, igualmente esa amenaza extrema seguirá presente durante toda su vida, y generalmente se va incrementado a medida que se va teniendo conciencia sobre la vida y la muerte o entre estar vivo y la posibilidad de morir o estar muerto.

El miedo a la muerte es una de las circunstancias más temidas por el hombre y consientes de esto, las instituciones militares han desarrollado mecanismos tendentes a neutralizar esta incomodidad, instruyendo a los soldados sobre perder el miedo a morir, tomando en consideración que en caso de combate o guerra, puede afectar decididamente el comportamiento y rendimiento del soldado.

Las vicisitudes con respecto al miedo a morir apelando al elemento religioso son casi idénticas a las del ambiente material, pues incluso quienes se supone deben tener poco o ningún miedo, en ocasiones les embarga dicho temor y les obliga a consolidar su objetivo de morir si fuese el caso o cometer hechos impropios.

Marcos 14
32. Vinieron, pues, a un lugar que se llama Getsemaní, y dijo a sus discípulos: Sentaos aquí, entre tanto que yo oro.
33. Y tomó consigo a Pedro, a Jacobo y a Juan, y comenzó a entristecerse y a angustiarse.

34. Y les dijo: Mi alma está muy triste, hasta la muerte; quedaos aquí y velad.

35. Yéndose un poco adelante, se postró en tierra, y oró que si fuese posible, pasase de él aquella hora.

36. Y decía: Abba, Padre, todas las cosas son posibles para ti; aparta de mí esta copa; mas no lo que yo quiero, sino lo que tú.

Marcos 14

30. Y le dijo Jesús: De cierto te digo que tú, hoy, en esta noche, antes que el gallo haya cantado dos veces, me negarás tres veces.

31. Mas él con mayor insistencia decía: Si me fuere necesario morir contigo, no te negaré. También todos decían lo mismo.

Mateo 14

66. Estando Pedro abajo, en el patio, vino una de las criadas del sumo sacerdote;

67. y cuando vio a Pedro que se calentaba, mirándole, dijo: Tú también estabas con Jesús el nazareno.

68. Mas él negó, diciendo: No le conozco, ni sé lo que dices. Y salió a la entrada; y cantó el gallo.

69 Y la criada, viéndole otra vez, comenzó a decir a los que estaban allí: Éste es de ellos

70. Pero él negó otra vez. Y poco después, los que estaban allí dijeron otra vez a Pedro: Verdaderamente tú eres de ellos; porque eres galileo, y tu manera de hablar es semejante a la de ellos.

71. Entonces él comenzó a maldecir, y a jurar: No conozco a este hombre de quien habláis.

72 Y el gallo cantó la segunda vez. Entonces Pedro se acordó de las palabras que Jesús le había dicho: Antes que el gallo cante dos veces, me negarás tres veces. Y pensando en esto, lloraba.

Aparte de simplemente el temor a la muerte o posibilidad de morir, también existe temor a los factores que podrían provocarla, y como factores inmediatos a ella estarían, las causas naturales, como un mal funcionamiento orgánico, enfermedades producida de manera natural o impacto accidental, etc.

Las causas naturales son menos frecuentes cuando se es joven que cuando adulto, y cuando ocurren por lo general derivan de factores congénitos presentes durante la gestación y observados al nacimiento, los cuales podrían a su vez ser generados por factores genéticos como producto de infecciones, fármacos, radiaciones, etc.

A medida que se crece, comienzan a aparecer algunas patologías relacionadas con los distintos órganos y de distintos estados de gravedad, cuyo tratamiento es frecuente que vaya directamente proporcional con la magnitud y tipo de la patología, igualmente comienza a incrementarse la angustia por motivo de una mayor conciencia sobre el peligro de las enfermedades.

Cuando se alcanza la edad adulta, el deterioro generalizado del cuerpo es más frecuente, y crea un estado de angustia de manera casi permanente respecto a las enfermedades y el eventual miedo a la muerte, a esto se suman los factores de longevidad y un inminente miedo a la infranqueable muerte natural.

Como segundo factor inmediato, tendremos a los ataques de microorganismos patógenos tales como bacterias, virus, hongos etc. en este caso son muy amplios tanto los factores generadores como los de neutralización, pero en otros que son menos abundantes, son muy escasos o ni siquiera se conoce como enfrentarlos de manera satisfactoria, esto les hace muy temidos ya que poseen un alto índice de mortalidad.

De todos modos y en líneas generales, la mortalidad y traumas generados por los microorganismos patógenos son abundantes una vez que estos se inoculan en el organismo humano, generan síntomas a veces difíciles de soportar, y que la mayoría de las veces se detecta solo una vez que han hecho plaza en el organismo.

El cuerpo humano está dotado de mecanismos autoinmunes que le permiten contraatacar y neutralizar las embestidas de los microorganismos patógenos creando anticuerpos, pero en ocasiones los microorganismos atacan es el sistema autoinmune, neutralizándolo, generando extrema angustia de muerte en quienes resulten afectados, tal es el caso de la patología Sida, provocada por el virus del síndrome inmunodeficiencia adquirida o VIH.

Casi todo ser vivo posee mecanismos duales de defensa de diversa índole contra los ataques de los depredadores, o de ataque contra las presas, solo que el hombre como producto de su inteligencia puede emular tanto los mecanismos de ataque como los de defensa y utilizarlos para iguales propósitos en una simbiosis de mayor envergadura.

Esta envergadura abarca factores y mecanismos de ataque y defensa incluso inverosímiles y de distintos propósitos, donde no siempre está en juego la muerte, al menos de manera directa, sino factores de poder como el dinero, el liderazgo político, el social, el religioso, dominio personal incluyendo el amoroso y la esclavitud, territorial, académico, etc.

Cada uno de estos factores hegemónicos o de liderazgos, son inherentes entre ellos mismos, pero antagónicos entre si y sus propósitos según sea el caso, por ejemplo: el liderazgo político con propósitos opresivos o de esclavitud, es antagónico con el liderazgo político con propósitos de libertad

Y es frecuente que el liderazgo opresivo haga pasar desapercibidas las diferencias entre uno y otro, o si lo están, son impuestas mediante factores de fuerza absolutos o relativos, que a su vez incluyen factores cualitativos y cuantitativos.

Los factores que se inclinan firmemente hacia uno u otro lado, lo hacen según su nivel de inteligencia, donde los muy inteligentes lo hacen hacia el factor libertario en casi todos los niveles de jerarquía, otros de relativa gran inteligencia o astucia los hacen hacia el liderazgo opresivo o esclavista, pero la gran mayoría de menor inteligencia, se inclinan hacia el bando en el cual vean mayor conveniencia propia real o relativa.

Estos actúan desde perspectivas no depuradas o brutas, así como en el ambiente macroeconómico de un país, el total monetario generado por la demanda de bienes y servicios se le llama producto interno bruto (PIB), o en el peso total de algunos artículos, a la sumatoria del peso del envase y del contenido del producto se le llama peso bruto.

Esto hace que sea necesario establecer patrones o estándares de medición rígidos de cuáles serían los indicadores comparativos reales de esta especie de matriz bruta.

A este sector que aplica para la matriz bruta, son los más procurados con fines políticos electorales por casi todos los factores del liderazgo, pero sobremanera de factores de izquierda, tanto política como religiosa.

Esto ocurre por motivo de aberrantes errores contextuales cometidos prácticamente desde siempre, pero radicalizado desde principios de los primeros ensayos electorales donde se convocaba a todos o casi todos los factores con mayoría relativa de edad a depositar un voto a sufragio para elegir a las autoridades gubernamentales, esto amparado sobre todo en el ideal democrático.

Pueda que dicho error no ocurrió con mala intención por parte del liderazgo inteligente que habrá intervenido en las decisiones, pues tal vez pensaron que los factores decisivos serían totalmente equilibrados, pero no siempre fue así, puesto que en ocasiones sobre todo desde fechas relativamente reciente, las aberraciones contextuales se han hecho muy evidentes.

Como primer gran error actúan factores cuantitativos sobre los cualitativos, y puede mencionarse el hecho donde la elección representa una especie de apuesta del tipo política del todo o nada, donde los ciudadanos dejan sus destinos a merced de un resultado donde si se es mayoría entonces tendrá garantizada la supervivencia por lo menos durante el periodo de gobierno al cual fue electo el gobernante o plazo en que fue cazada la apuesta.

Esto incluye también el rodearse de privilegios a los dirigentes del bando ganador, y alguno que otro emolumento de relativamente menor cuantía a las cuidadnos de la misma fórmula, esto motivado a que la dirigencia siempre procura los mayores beneficios para ellos, muchas veces exagerados.

De todos modos, el dinero expuesto a reparto mediante argucias leguleyas gubernamentales, no resultaría suficiente para la gran mayoría, principalmente cuando se trata de un país donde la mayoría de sus ciudadanos viven sumergidos en extremas necesidades existenciales.

A la dirigencia opresiva no le conviene tampoco que los ciudadanos rezagados alcancen un nivel de solvencia existencial relativamente alto, pues la tendencia es a pasarse al sector libertario, e incluso a menudo de alguna u otra manera dejan entrever esta preocupación.

La política del todo o nada va profundamente contra los intereses de la nación, pues la tendencia es a impedir a un sector de los ciudadanos del sector que no alcanzo mayoría electoral, participar en el progreso nacional por ese solo motivo, a la par que en ocasiones resultan férreamente perseguidos, encarcelados, exiliados, excluidos, amenazados y hasta asesinados.

Casi todo ello se hace al amparo de factores internacionales y de algunos nacionales, por motivo de tenerse ello como totalmente valido, pues simple y llanamente esas serían las reglas de la democracia o de lo que se tiene por democracia, y esto abarca tanto a regímenes que se podría decir son libertarios, como también obviamente los más opresivos.

Esta operatividad de tipo cuantitativa abarca tanto para los cargos ejecutivos cómos los legislativos, solo que para efectos legislativos se permiten una mayor elección de cargos a todos los factores, pero del mismo modo resulta típico que los sectores que no alcanzan mayoría parlamentaria, quedan expuestos a sufrir casi las mismas vicisitudes que los cargos ejecutivos, incluso despojarlos de dicho cargo casi sin que puedan evitarlo.

Como segundo gran error, actúan factores cualitativos, pero que en realidad podría ser el principal error, ello tiene que ver tanto con la calidad de los factores o candidatos aspirantes al cargos gubernamentales, como la calidad de los factores llamados a participar en la elección de los candidatos aspirantes a dichos cargos.

En estos casos se convocan a ciudadanos cuya única calidad exigida es simplemente la mayoría de edad para los electores y una edad mínima para los candidatos, discriminando otros factores tan importantes como niveles de inteligencia e intelectual en general, valores morales, conocimientos políticos y religiosos, antecedentes severos a nivel policiales y judiciales, nivel de nacionalidad, etc.

A la par de esto, cuando existe voto electrónico y a veces voto manual, no importa cuán descarados y cínicos puedan ser los ilícitos electorales que se comentan antes, durante y después del proceso electoral, lo único que se antepone como válido, es simple y llanamente los votos electrónicos contados y totalizados por el organismo electoral, el cual generalmente se encuentra controlado por la dirigencia opresiva.

Selectividad Intelectual Y Genérica

La aberraciones presentes en este caso, violan una gran cantidad de principios básicos naturales, como el de rendimiento intelectual: en este caso al analizar el rendimiento intelectual en un ambiente genérico como un salón de clases de educación básica, se puede observar que solo unos pocos, algo menor al 25% del total, obtienen las máximas calificaciones, según los estándares rígidos de evaluación.

Seguirían otro grupo igual de reducido que en conjunto representaran un 40% junto con los anteriores, y así sucesivamente se va observando una baja en el rendimiento hasta llegar a los reprobados por no alcanzar el mínimo necesario de aprobación.

Estos porcentajes de rendimiento son genéricos e idénticos al de muchos otros factores, como el rendimiento en ambientes deportivos, donde se puede observar que en un equipo, solo unos pocos alcanzan destacar sobremanera, a nivel de liga o selecciones nacionales, ocurre lo mismo, pues solo unos pocos equipos consiguen destacar sobre el resto.

En este orden de ideas, donde luego de una permanente y rígida selectividad, solo unos pocos destacan sobre el resto, incluso en los ambientes que permiten una mayor escogencia cualitativa y cuantitativa como el caso de las ligas europeas de futbol, o las grandes ligas del beisbol norteamericano.

Ambientes estos, donde de casi todo el mundo se escogen a los atletas de mayor rendimiento en sus respectivas especialidades, no dejando de mencionar los campeonatos o competencias mundiales y los juegos olímpicos, donde solo unos cuantos de hacen acreedores de las medallas y trofeos.

Estos ambientes donde predominan los liderazgos cualitativos, son inherentes con otros factores de liderazgo, como la fama y el dinero, donde a mayor rendimiento deportivo, mayor dinero se gana y mayor fama se obtiene, pues la alta calidad es preferida sobre la menor calidad por los ciudadanos.

Esto incrementa en números de ellos dispuesto a acudir a presenciar en persona a los atletas, o seguirlos a través de los medios de comunicación.

La misma inherencia al dinero hace que igualmente los seguidores se muestren igualmente dispuestos a pagar el valor de las entradas para ver el espectáculo de gran calidad que ofrecen los atletas, o a pagar servicios de transmisión a través de los medios.

Para gobernar de la mejor manera se hace necesario primero que nada disponer de mucha inteligencia, al igual que se hace necesario disponer de mucha inteligencia para manejar el cuerpo y ejercer dominio sobre una pelota en el deporte, solo que el desarrollo del deporte es solo una de las tantas funciones que debe ejercer un funcionario gubernamental.

La respuesta natural del ser humano, indica de una manera clara e irrefutable que la supuesta igualdad que promueven algunos, no solo es totalmente imposible, sino también traumáticos, puesto que el ser humano fue hecho de distintas capacidades y cualidades.

Esto obliga a que si tanto el gobierno como la elección de los gobernantes no es liderado por los más y mejor capacitados intelectualmente, el resultado tarde o temprano será traumático, donde el hecho mismo de no ser los mejor capacitados, ya es un trauma.

Éxodo 23
1. No des oídos a calumniadores, ni te prestarás a decir falso testimonio en favor del impío.
2. No sigas la muchedumbre para obrar mal, ni en el juicio te acomodes al parecer del mayor número, de modo que te desvíes de la verdad.
3. Ni aun del pobre has de tener compasión, tratándose de la justicia.

La doctrina cristiana enseña sobre el inconveniente de dejarse llevar por las mayorías, por el simplemente hecho de ser mayorías, sin hacer juicio previo del contenido de conveniencia o inconveniencias de los motivos que generan la tendencia mayoritaria, de modo que se pueda tomar una decisión de máxima lógica.

Seguir una tendencia mayoritaria o minoritaria sin la conveniente depuración de su contenido, representa un claro ejemplo de actuación bajo la matriz bruta, o dicho de otra manera: es lo que ocurre cuando tanto los gobernantes como los electores se escogen sin la debida depuración lógica.

La relación de 40% de mayor eficiencia y 60% de menor eficiencia, es muy idéntica a la observada en los procesos electorales, donde los sectores izquierdistas han conseguido polarizar a la población entre ricos y pobres, y estos resultados ocurren porque esa es la proporción natural entre los más eficientes y los menos.

Igualmente porque parte del sistema democrático vigente establece que la simple mayoría electoral da derecho a ejercer el control sobre todos los ciudadanos, sin importar la precariedad productiva de la mayoría y la eficiencia de la minoría.

Obviamente esta aberración no es culpa solo de los izquierdistas en promoverla e instaurarla, sino también de los ciudadanos de mayor eficiencia en irónica y paradójicamente aceptarla; podría suponerse que los más eficientes aceptan y promuevan tal aberración porque no estarían al tanto de lo descabellado de ese error.

Igual podría suponerse que parte de la solución ideal a esa problemática, estaría representada por el hecho donde los menos eficientes tomen la iniciativa y desistan de sus ilógicos propósitos de pretender estar por encima de las decisiones en asuntos gubernamentales por parte los más eficientes.

El que los menos eficientes desistan de sus propósitos en realidad es parte de la solución, pero no sería la ideal, pues esto ocurriría solo si los más eficientes hagan valer un derecho que por orden y ley natural les pertenece, a esto se le sumaría el hecho donde los menos eficientes efectivamente desistan de sus presuntuoso propósitos.

Este desistir de propósitos sería solo de contexto relativo, precisamente por su condición de menor eficiencia, y menor capacidad cualitativa de decisión, mientras que la decisión ideal es la que derive de los factores de mayor eficiencia cualitativa independiente de ser o no mayoría cuantitativa.

En algunos ambientes donde existe predomino de factores cualitativos con relación a otros, principalmente donde se es muy selectivo en la escogencia o deseo de participación de algunos, si puede observarse una relación distinta al orden natural genérico.

Precisamente esa es la relación que comúnmente ocurre en algunos ambientes altamente depurados intelectualmente como es el caso de universidades, gremios de profesionales, etc., o en los seleccionados o ligas deportivas de mayor jerarquía.

Capítulo VI

Paradigmas

Comúnmente los paradigmas representan una figura de férrea restricción a iniciativas globales de cambio o reacomodos en indistintos ambientes. Generalmente se les define en sus conceptos más sencillos como: *modelo o patrón de casi cualquier tipo*, pero analizando en particular a cada uno de ellos: resulta que no todo modelo o patrón representa un paradigma.

Esto obliga a tratar de entenderlos y contextualizarlos de una forma más profunda o rigurosa, primero que nada, dada su complejidad de factores que pueden abarcar un paradigma, induce a pensar que representan una especie de ecuación o código cifrado que sería necesario resolver o descifrar para entenderlos y contextualizarlos adecuadamente.

A tal efecto puedo poner como ejemplo de paradigmas ya resueltos o descifrados, lo relacionado a mis contextos de la libertad y del bien, y en ambos pueden observase algunos factores comunes, tales como: la dualidad de contextos, donde se hace necesario definir algunos factores y parámetros para establecer un contexto global que los envuelve a todos, y que los diferentes parámetros son opuestos o antagónicos.

Sin ánimos de pretender ser un experto en criptografía, procederemos a descifrar el contexto de paradigma enmarcado en ambientes duales, tratando de agruparlo desde el todo, el cual contiene a las partes, y desde las partes, las cuales pertenecen a un todo.

Igualmente le otorgaremos parámetros sinónimos, antagónicos o antónimos, dividiremos sectores mediante una línea divisoria o frontera, e igualmente nos valdremos entre otras, de perspectivas multiparámetros de lo indiferente, lo indistinto, lo factible, lo permisivo, lo prohibido, lo utópico y lo imposible, etc.

Los contextos deberían estar sujetos a las directrices de una única definición universalmente aceptada por todos, lo cual de alguna u otra forma presenta el contexto de ley de tipo científico, y fuera de este caso los problemas comienzan cuando se tiene por ley algo que en realidad no es una ley.

Esto hace que siendo una verdadera ley, un principio universalmente aceptado, lleva a los hombres de ley a en términos reales en ocasiones a atentar incluso contra ellos mismos y contra los demás, creyendo estar apegados estrictamente a la ley.

Esto permite establecer que las leyes en si no son un paradigma pero sí podrían serlo las confusiones de contexto que generalmente les acompaña, no necesariamente a su definición sino a sus postulados e interpretaciones.

Pobreza

Al respecto puedo mencionar el caso que con relación a la pobreza expuse en mi libro La Máxima Lógica, en este caso menciono que se le tiene de manera genérica y globalmente aceptada, como como una figura cuyo contexto representa una serie de vicisitudes donde el individuo vive embargado entre ingentes necesidades y calamidades de todo tipo.

Pero a tal efecto expongo que se puede ser pobre sin necesariamente estar rodeado de calamidades, pues pobre puede referirse solamente a quienes en comparación tienen menos dinero que otros, lo cual no implica que necesariamente los de menos dinero vivan rodeados de calamidades y que por tano, sin caer en ultranza, no habría mayor preocupación por la pobreza.

Esto permite establecer que sería prácticamente imposible pretender acabar con la pobreza, pues simple y llanamente los pobres siempre van a existir, si se pretendiera acabar con los menos pobres, pero que viven relativamente felices pues no estarán sufriendo calamidades, igual pasarían a ser los nuevos pobres, aquellos ubicados en el nivel inmensamente superior en la escala de menor disponibilidad de dinero o patrimonio representativo de dinero.

Marcos 26

6. Y estando Jesús en Betania, en casa de Simón el leproso,

7. vino a él una mujer, con un vaso de alabastro de perfume de gran precio, y lo derramó sobre la cabeza de él, estando sentado a la mesa.

8. Al ver esto, los discípulos se enojaron, diciendo: ¿Para qué este desperdicio?

9 Porque esto podía haberse vendido a gran precio, y haberse dado a los pobres.

10. Y entendiéndolo Jesús, les dijo: ¿Por qué molestáis a esta mujer? pues ha hecho conmigo una buena obra.

11. Porque siempre tendréis pobres con vosotros, pero a mí no siempre me tendréis

Según lo expuesto en La Máxima Lógica, la pobreza no sería mayor problema, sino las calamidades que generalmente le rodean, lo que me permitió establecer que el objetivo, no debe ser la lucha contra la pobreza en sí, sino combatir y neutralizar las calamidades que generalmente la rodean.

Esta nueva perspectiva derrumba o rompe un viejo paradigma y simultáneamente introduce uno nuevo, pero esta dualidad actúa de manera parcial depurando partes del todo, pero no el todo, el cual sería, según otro viejo paradigma que igual derrumbé: combatir las calamidades que generalmente rodean a la pobreza.

Cuando hablo de otro paradigma me refiero al contexto del bien, donde las prioridades la tienen la optimización de lo que funciona bien sobre lo que funciona mal, por tanto la conclusión correcta sería la de optimizar lo poco o mucho de solvencia sobre lo que funciona bien, lo que automáticamente implica combatir las calamidades que generalmente rodean a la pobreza

Las calamidades que generalmente rodean a la pobreza en su entorno inmediato al menos según algunos estándares, tienen que ver con las necesidades básicas, como el difícil acceso a la alimentación, salud, vivienda, educación, trabajo, etc. y sus factores colaterales como los servicios públicos, incluyendo seguridad.

Por tanto si se optimiza por ejemplo: el absceso a la alimentación, simultáneamente desaparece el problema del hambre, igual ocurrirá con los demás factores donde se valla optimizando su absceso. De todas maneras, quienes se encuentran ubicados en el menor nivel de posesión de dinero, no es el único contexto de pobreza, ni siquiera es el más apremiante para algunos efectos.

Quienes se encuentran en el menor nivel comparativo de tener menos dinero que otros, por lo general son gente que reciben algún ingreso o salario como producto de algún trabajo que realicen, en cambio existe otro sector de ciudadanos que no puede valerse por sí mismos ni tienen a otro que los asista, como tampoco tienen un bien patrimonial que les garantice la existencialidad.

Esta perspectiva es la más crítica de todas, pues están expuestos a vicisitudes extremas de procura de alimentos y satisfacción de las demás necesidades, lo que del mismo modo ayuda a depurar más aun el contexto o paradigma de la pobreza, y que a su vez permite abordar con mayor precisión los parámetros que serían necesarios en procura optimizar el acceso a la alimentación y demás necesidades básicas.

Ya tenemos depurados lo relacionado al lugar que ocupan en los niveles mínimos de ingreso o patrimonio. Y por decirlo de una manera ya más técnica o estadística, quienes se encuentran en los primeros parámetros posicionales y volumétricos de menor ingreso y patrimonio, pues ocupan una posición en la línea de mayor y menor ingreso y tenencia de volumen de dinero.

De esta forma hemos tratado factores cuantitativos como la cantidad de personas ubicadas en el menor nivel patrimonial pero sin depurar los parámetros cualitativos de esas personas, luego depuramos algunos paramentos cualitativos como la incapacidad de algunos para valerse por sí mismos, faltando por depurar los restantes factores cualitativos de los tenidos como pobres según la línea de pobreza algunos contextos de muy amplio uso.

Quienes se encuentran en los menores niveles socioeconómicos, no siempre ocurre porque no puedan valerse por sí mismos o porque no reciban algún ingreso o no dispongan de un patrimonio que les genere alguna renta o interés, sino porque obteniendo ingresos incluso significativos, los derrochan luego en el vicio y la perdición.

Incluso distraen los recursos en consumos nobles pero de una manera desmesurada, lo que origina drásticos desequilibrios en el acceso a otras prioridades básicas, por ejemplo gastan en alimentos de una manera sobremedida, descuidando atender otras necesidades como salud, servicios públicos, educación, etc.

Se haría necesario atender a estos ciudadanos desde una perspectiva preventiva, procurando alejarlos del consumo problemático, lo cual por si solo podría optimizarles el acceso a la necesidades básicas pero no necesariamente de pobreza porque en realidad pertenecen es al contexto de arruinados por el vicio la perdición y el consumo desmedido.

Muchos de ellos admiten en privado que su problema es el consumo problemático, pero las cosas se complican por motivo de los paradigmas que representa la pobreza, entre ellos la negativa que generalmente ofrece el individuo a admitir culpas propias, sobre todo públicamente.

Y también la matriz lisonjera que promueve la insensatez política, tratando de mantenerles una imagen pública lavada de culpas y preferiblemente presentarlos como víctimas y merecedores de alguna reivindicación.

Si a esto añadimos los paradigmas contextuales de la pobreza y muchos otros factores, podemos notar fácilmente que buena parte de las problemáticas que afectan al mundo, derivan simplemente de paradigmas contextuales, algo que suena fácil decirlo, pero que la realidad indica que por lo general resulta incluso utópico descifrarlos.

Resulta típico también que una vez que las cosas quedan aclaradas o resueltas muchos creen o parecen creer que ellos igual las hubiesen podido descifrar, o que por motivo de la aparentemente fácil que resultare la aclaratoria, argumentan entonces que en realidad eso no era mayor cosa y que cualquiera lo hubiera hecho.

Al respecto parece importarles poco que los paradigmas, al menos los que aún permanecen vigentes o no han sido siquiera detectados y que serían cosas de tan vieja data como el mundo mismo.

Y eso es parte de lo si se quiere llamativo e irónico de los paradigmas, o sea, la forma en que suelen pasar desapercibidos incluso una vez detectados y descifrados, o la forma en que constantemente se interactúa con ellos, y no queda más alternativa que seguirles el juego y en un ambiente de todo tipo vicisitudes.

Los paradigmas igualmente han servido para crear fuertes vínculos de solidaridad y amor entre los seres humanos, pero igual han servido como motivos de fuertes discordias, rencillas, guerras, amarguras, sinsabores, etc. de tal forma que hasta se podría decir que los paradigmas han sido y hasta donde se sepa seguirán siendo o representando todo un ambiente de pasiones.

Dentro de lo que se hace necesario interactuar permanentemente, pero no quedaría más alternativa que seguirles el juego, se encuentran los paradigmas más difíciles de descifrar, teniendo en cuenta que en ocasiones el simplemente descifrarlo conlleva a su solución de fondo.

En otros, las soluciones actúan de manera parcial o sectorial, y ello es válido en la dinámica de resolución o descifrado de problemas o ecuaciones, o sea se hace necesario ir despejando parámetros o incógnitas para obtener un resultado final.

Este tipo de paradigmas actúa a todo nivel, bien sea particular, familiar, vecinal, municipal, estadal, nacional, subregional y global, enmarcados generalmente en un entorno de orden establecido o status quo, y dentro de estos, otra serie de paradigmas aferrados en el tiempo, las costumbres y las circunstancias.

A su vez enfocaremos estos paradigmas desde las perspectivas simbióticas, donde el canibalismo, la depredación, el comensalismo, el parasitismo, y el mutualismo juegan un papel fundamental, como en todo ecosistema.

Visto esto hasta aquí, he podido llegar a una primera conclusión y es que para descifrar un paradigma se hace necesario disponer de otro paradigma previamente descifrados y mediante comparaciones utilizarlo de guía para resolver el primero, al igual que ocurre con una ecuación matemática donde teniendo una como guía, se pueden resolver otras.

De esta forma se podría llegar obtener el contexto de paradigma por antonomasia con el contexto de ecuación, done las incógnitas de una ecuación estarían presentadas en el paradigma por el establecimiento del contexto exacto de algunos factores o elementos.

Del mismo modo, puesto que los paradigmas obedecen a factores que pertenecen tanto al elemento material, como al espiritual y al mismo tiempo son correlativos, hace que igualmente paradigmas resueltos en ambos elementos para definir los paradigmas del elemento complementario.

De esta forma mediante el esclarecimiento del paradigma que representa el verdadero contexto de política, y parte del paradigma del contexto de religión, se puede obtener como guías para descifrar los paradigmas que ellos contienen, y que muy posiblemente esta misma dinámica, me permitió descifrar o desentrañar, los verdaderos contextos de política, libertad, bien, etc.

Es de hacer notar que el elemento espiritual posee particularidades especiales que solo pueden ser tratadas o puestas al descubierto por quienes posean la virtud o don espiritual para tal propósito, de modo que sería una insensatez orientar o proponer a algunos a develar lo que no está en condiciones de hacer. De este modo quienes no posean ese tipo de virtudes, solo deben operar en base a lo develado por el personal elegido o autorizado.

Lo que aplica solamente al elemento material si puede ser tratado por quien quiera, independiente de su condición espiritual, tal como lo hace el científico develando los misterios materiales.

Cuando procuro develar paradigmas que considero o tengo la seguridad que de alguna u otra forma estarían singularmente relacionados con el elemento espiritual, es porque en realidad, si tendría tal autorización, pero que de todos modos, solo podría dar pistas o claves que indistintamente afirmen o nieguen tal condición, por motivo mismo de la naturaleza de los paradigmas y del dogma de la fe.

Expuesta esta aclaratoria, continúo con lo relacionado al contexto de paradigma, y el eventual develado de otros sobre los ya develados.

De esto tenemos que existen paradigmas macros que representen a un todo y sub paradigmas o paradigmas menores o derivados, que representan la partes.

En este caso pondremos como ejemplo macro al paradigma de la libertad, y a los diferentes parámetros existenciales que apliquen para las distintas especialidades como sub paradigmas.

A tal efecto diremos que en uno de los campos de la medicina, la libertad será el contexto macro, y los parámetros de un máximo de los valores del azúcar situados al límite de la hiperglicemia y un mínimo de los valores del azúcar situados al límite de la hipoglicemia, representarían el sub paradigma de la libertad con relación a la medicina y la que su vez contendría los sub paradigma de endocrinóloga y diabetologia entre otros.

Sea cual fuese el caso, representan un contexto donde sí se opera discretamente dentro del rango vital de la glucosa libre en la sangre, o sea sin que pueda ocurrir una alteración significativos que sobrepase los niveles vitales, se estará actuando bajo las reglas de lo que ahora se tiene por verdadero contexto de libertad.

Igual a este ejemplo ocurre con todas las especialidades médicas y cualquier otra donde se opere en función de la rigurosidad legal del sistema, lo que indica que por lo general primero se develaron la partes y luego el todo, o sea: primero se develaron los sub paradigmas y luego se develo el paradigma mayor o macro.

En el campo de la medicina, a través de los sub paradigmas que contiene, se ha venido actuando de manera correcta con relación a la verdadera libertad, incluso muchas de ellas sintetizadas bajo el contexto de homeostasis, la cual se define algo así como, una propiedad donde se mantiene el equilibro dinámico o regulación entre distintas funciones orgánicas.

Sinergia

Cercano al contexto de homeostasis, se encuentra el de sinergia, y en ambos casos trata de la correlación favorable o concertada de varios factores que interactúan positivamente, gracias al manejo proactivo que envuelve ambos contextos, pero no siempre hay proactividad o la hay pero solo sectorial y a veces en perjuicio de alguna contraparte.

Esto indica que existe una sinergia positiva y otra negativa, siendo los casos de sinergia positiva, cuando varios factores conciertan armónicamente conformar un grupo o institución que su vez lleva benéficos a ellos y a otros, como el caso de una organización empresarial que acuerda llevar sus productos o servicios en condiciones ventajosas para todos.

La sinergia negativa ocurre cuando en el mismo ejemplo anterior de organización, sus miembros conciertan armónicamente conformar el grupo, pero que lleva benéficos solo a ellos, mientras que resulta perjudicial a otros, a esto último se le conoce como *entendimiento cartelario.*

En el ambiente político gubernamental ocurre tanto sinergia positiva como negativa, entre los diferentes sectores, y precisamente por encontrarse vigente el paradigma contextual de política, libertad, y bien, entre otros, hace que su perdurabilidad sea incierta hasta que no comiencen a funcionar los nuevos.

En todo caso la solución contextual de un paradigma no significa necesariamente cambios inmediatos, pues su implementación y desarrollo a veces suelen ser muy impredecibles, pues el cambio de paradigmas podrá tardar relativamente mucho tiempo, como podrían sucederse de una manera precipitada y convulsiva.

Los Tiempos

Desde el elemento espiritual se dan pistas sobre la duración o medidas del tiempo en el ambiente global, y el parcial y el sectorial, pero tales medidas son muy relativas de cuantificar y a veces incluso imposibles de precisar.

Hechos 1

6. Entonces los que se hallaban presentes, le hicieron esta pregunta: Señor, ¿si será éste el tiempo en que has de restituir el reino a Israel?

7. A lo cual respondió Jesús: No os corresponde a vosotros el saber los tiempos y momentos que tiene el Padre reservados a su poder soberano;

Solo Dios mediante su poder soberano, maneja los tiempos de manera absoluta, por lo que sería perder el tiempo intentar conocerlos por parte de la gente.

Apocalipsis12

14. A la mujer se le dieron dos alas de águila muy grande, para volar al desierto a su sitio destinado, en donde es alimentada por un tiempo y dos tiempos, y la mitad de un tiempo, tres años y medio, lejos de la serpiente.

En este caso las medidas de tiempo son ofrecidas con puntos de referencia indeterminados, pues un tiempo puede hacer referencia a cualquier tiempo, y si estos son inciertos, igual de inciertos serán los tiempos de referencia que se pretenda tomar de ellos.

En cuanto a lo que aparentemente son medidas concretas, tales medidas igual derivan de los tiempos indeterminados, tres años y medio hacen referencia a años indeterminados.

Mateo 32.
30. De cierto os digo, que no pasará esta generación hasta que todo esto acontezca.
31. El cielo y la tierra pasarán, pero mis palabras no pasarán.
32. Pero de aquel día y de la hora nadie sabe, ni aun los ángeles que están en el cielo, ni el Hijo, sino el Padre.
33Mirad, velad y orad; porque no sabéis cuándo será el tiempo

Más Sobre La Imposibilidad De Conocer Algunos Tiempos:

Acortamiento

He notado de una manera muy generalizada y recurrente, lo que a todas luces parece una pista importante sobre los tiempos de Dios y ello está relacionado con el acortamiento de los tiempos, este fenómeno deriva del hecho donde insistentemente, resulta difícil encontrar a alguno que no manifieste sentir la sensación que los tiempos están pasando más rápido que veces anteriores.

En estos casos se oyen expresiones relacionadas con algún acontecimiento que ocurrido hace un año por decir una unidad de tiempo, y que luego pareciera que ocurrió fue solo pocos meses, o de otro ocurrido hace algunos meses pero parecerá que fue hace solo días, en fin: se trata de una impresión generalizada de acortamientos de tiempo de cualquier tipo.

Si se toma como referencia las metodologías de uso corriente para medir el tiempo, como relojes y las medidas geográficas como la orbitas de la tierra alrededor del sol o de la tierra sobre su eje, se tiene como resultado que no existe alteración sobre lo normal, que ofrezca algún indicio de alguna modificación de los tiempos ni de los relojes y las orbitas celestes.

Aunque algunas teorías atribuyen a este fenómeno a campos magnéticos sobre la tierra interrelacionados con el cerebro

Comparando a la percepción generalizada del acortamiento de los tiempos, y el normal desenvolvimiento de la dinámica astronómica, al menos la inmediata, se puede presumir entre muchas otras cosas que existiendo efectivamente un acortamiento real de los tiempos, este implicaría que la afectación abarcaría a todos los factores del sistema y que de alguna forma existe o se dejó abierta la posibilidad de detectar modificaciones sustantivas del tiempo.

También se puede presumir que la manera en la cual percibimos los tiempos no sufrió modificaciones, pero simultáneamente tampoco podemos observar las aparentes modificaciones que estarían ocurriendo en el sistema, sino solo mediante sensación o factores sensoriales humanos.

Buscando coincidencias:

Apocalipsis 6
9. Cuando abrió el quinto sello, vi bajo el altar las almas de los que habían sido muertos por causa de la palabra de Dios y por el testimonio que tenían.

10. Y clamaban a gran voz, diciendo: ¿Hasta cuándo, Señor, santo y verdadero, no juzgas y vengas nuestra sangre en los que moran en la tierra?

Mateo 27

22. porque habrá entonces gran tribulación, cual no la ha habido desde el principio del mundo hasta ahora, ni la habrá.

23. Y si aquellos días no fuesen acortados, nadie sería salvo; más por causa de los escogidos, aquellos días serán acortados

Analizando ambas citas, el acortamiento puede estar ocurriendo en virtud del ruego de las almas de los muertos por motivo de predicar la palabra de Dios.

En las sagradas escrituras, anuncian acortamientos de tiempos, como del mismo modo señalan que todo tiene su tiempo y su hora, lo que hace presumir que los tiempos acortados o percepción de que los tiempos están pasando más rápido, envuelve a todo lo que tenga que ver con el transcurrir normal de los tiempos.

En este caso serían al menos algunos parámetros mentales o tal vez espirituales, que permiten detectar la percepción del acortamiento, pero solo eso, una señal de acortamiento, pues no se tendrá la seguridad del final de los tiempos anunciado por los santos profetas.

Importantes Paradigmas Ya Descifrados

Los paradigmas aparte de complejos son prácticamente innumerables, pero de todos modos se hace necesario seleccionar y eventualmente descifrar los más significativos o neurálgicos, que intervienen en el ambiente religioso y el político gubernamental.

A tal efecto ya he descifrado o aparentemente descifrado algunos de los más neurálgicos de los cuales ya he expuesto y sigo complementado en este libro, tales como: verdaderos contextos de la libertad, la política, el bien, pobreza, etc.

Cuando hablo que he descifrado algún paradigma, en muchos casos quiero decir terminado de descifrar, pues por contexto mismo, los paradigmas incluyen un manejo corriente e incluso especializado de contextos que tendiéndose como muy rígidos y verdaderos, en realidad no los son o lo son solo parcialmente, como las partes de un todo.

A continuación un resumen de los paradigmas expuestos en la máxima lógica, descifrados de una manera que ofrecen un visión muy clara y amplia de su contenido y la importancia que ocuparían en el contexto geopolítico global, o al menos una visión significativa de ellos y sus alcances.

Cazafortuna

Los cazafortunas, representan un factor en extremo parasitario depredador, generalmente se les refiere como individuos hombre o mujer, señalados en la tipología judicial como hábiles estafadores, pero igual puede referirse a individuos sin mayor mala intensión que obtienen derechos de propiedad casi como lo harían otros, pero igual, algunos les catalogan de cazafortunas.

Cazafortunas De Tipo Conyugal

En el pasado los parámetros operativos de este tipo de cazafortuna no estaban amparados del todo por el estatus legal gubernamental, ni por el status social entre otros, lo que muchas veces daba origen a conflictos e idilios, en la actualidad no son muy férreos como en el pasado.

Esto en parte por la tendencia donde quienes eran los más representativos de esos estatus, han preferido desprenderse de esas cargas difíciles de soportar y optado por un mayor acercamiento generalizando con todos o casi todos los factores. Esto indica que de alguna u otra forma ese paradigma ya casi desaparece.

Pero resulta que la problemática no ocurre solo entre lo que podríamos llamar nobles y plebeyos, sino en líneas generalizadas, entre rico y pobres o mejor dicho entre quienes poseen algún patrimonio de indistinta magnitud y quienes de alguna u otra forma lo pretenden birlar o expoliar.

Esto indica que no todo cazafortuna persigue solo las grandes fortunas, sino que algunos van enfocados en desplumar casi cualquier patrimonio que puedan de indistinta magnitud, en este caso están los que se conforma con lo que consigan desde la matriz bruta, o sea sin discriminar su valor, magnitud o importancia, lo muy poco representa para ellos algo muy valiosísimo.

Esta clase de individuos son muy apetecidos por la demagogia y la delincuencia política, ya que pueden mantener a un significativo grupos de parásitos con tan solo darles un ¨plato de lentejas¨, no es que solo se conforman con poco, pues si lo desplumado u obtenido es mucho, igual los satisface.

Este tipo de individuos por motivos de sus derroteros o las circunstancias, durante toda su vida y principalmente desde que nacen, la vida les ha sido poco favorable en obtener algún ingreso más allá de ciertos límites, incluyendo a sus padres, aunque en ocasiones si han obtenido algún ingreso significativo, pero igual los ha derrochado o perdido por motivo de la circunstancias, lo que les va moldeando la conducta desarrollada

Esta hace que valoran en extremo casi cualquier cosa que puedan conseguir de forma gratuita o a un coste menor al valor tipificado, en los casos más extremos de necesidad, o de deseo que alcanzar las metas que holgura que ve en los individuos y sectores de gran solvencia socioeconómica, se valen de recursos igual de extremos para conseguirlos de una manera legal y hasta plausible, pero en otros se valen hasta de métodos aberrantes.

Aparte del trabajo particular o privado, les sirve de mucho consuelo la ayuda que puedan disponer de parte del estado, y esta dualidad pública y privada representa para ellos o debería representar la mayor suma de posibilidades, pero no siempre es así, sobre todo a partir de la aparición en escena de las aberrantes figuras del comunismo y el socialismo.

Estas ideologías patógenas que yo prefiero llamar ideopatías representan el colmo del parasitismo de tipo humano, pues mediante manipulación procuran de una máxima criminalización de los factores productivos y de una máxima victimización de los factores rezagados.

Pero no es que todos los sectores solventes sean criminales, ni que todos los sectores rezagados sean víctimas, sino que mediante muestreos de algunos ciudadanos solventes procuran criminalizarlos a todos, y mediante muestreos de ciudadanos rezagados procuran victimizarlos a todos.

A esto se suma la esmerada conducta desarrollada de los rezagados por aparentar ser víctimas merecedoras del aparente patrimonio de que les habrían expoliado los solventes y arremeten de manera inquisidora y desmedida por parte de la dirigencia ideópata.

Estos esquemas perversos son utilizados tanto como objetivos de acceso al poder por métodos de facto, como objetivos de acceso por vía electorales, ambos métodos eran originalmente llamados mencheviques por los que persiguen parámetros electorales y simultáneamente bolcheviques los que persiguen métodos de combate.

Las vicisitudes que derivan de la vía de combate por su misma naturaleza son generalmente impredecibles, pero no serían tanto si sobre ellas existirá un estatus quo lo suficiente rígido y blindado que le impida bajo cualquier circunstancia a los insurgentes ser aceptados como gobernantes.

Esto requeriría del establecimiento de un estatus quo, donde estén perfectamente delineados los perfiles de los ciudadanos que apliquen como figuras relativamente absolutas de poder.

Y para los casos por vía electoral, aparte de los perfiles anteriormente citados, se añadirían la exclusión relativamente absoluta de los ciudadanos cuyo perfil no apliquen como meritorios y merecedores del perfil gobernante, ni los ciudadanos cuyo perfil no aplique como meritorios y o merecedores para elegir gobernantes.

Resulta absolutamente necesario que algunos ciudadanos ejerzan la administración el estado y del gobierno, pero lo terrible de los paradigmas se han generado cuando queda abierta la posibilidad que el gobierno lo ejerzan incluso individuos de la peor naturaleza.

El paradigma no se resuelve solo con simple decir que solo los mejores deben gobernar, ya que eso es solo parte de la solución, pues faltaría por definir cuáles serán los atributos que deben poseer esos mejores ciudadanos o candidatos.

Se puede decir que el deseo que gobiernen los mejores, siempre ha estado presente, pero casi nunca o nunca se ha establecido cual debe ser el perfil concreto de los candidatos a gobernar, pero igualmente poco o nada de los electores que deben elegir, ni de los que no deben elegir.

Para descifrar este paradigma utilizaremos la técnica de depuración cualitativa, la cual es muy similar a la técnica del despeje en una ecuación matemática, en este caso serán tres sectores a despejar como partes de un todo, que serían el liderazgo o candidato a gobernar, los sectores con cualidad para votar, por último el sector que no reúne cualidad suficiente para votar.

Despejar los tres sectores o partes del todo electoral, ya representa un paradigma solucionado o sub paradigma del tipo electoral con propósito gubernamental, y para definir cada sector utilizaremos factores duales de tipo absolutos y relativos y correlativos.

Capitulo VII

Guía O Consejos Regentes

Hasta donde se conoce de la existencia de sociedades organizadas, siempre ha habido un guía o consejo regente del grupo, y en esos inicios, el perfil predominante para proclamar al guía eran sus virtudes guerreras, generalmente acompañadas de virtudes espirituales, al igual que los miembros del consejo, en los casos donde existía tal figura.

Una vez fundada la figura regente inicial, para efectos de relevo o sucesión, se tenía establecido el factor consanguíneo, principalmente el primogénito del guía a suceder o algún otro de sus hijos, en su defectos por motivo de las circunstancias, se procedía a la proclamación de un miembro del consejo con la mayores virtudes guerreras.

Este esquema representaba el orden establecido para casi todas las sociedades, y era muy preferido y aceptado por la estabilidad que representaba, luego por motivo de desaciertos de los sucesores, y por ruptura significativa del orden establecido por motivo de derrotas militares, el vencedor definía la regencia del grupo o lo que quedaba de el según su discreción.

Luego por motivo de las sucesivas fallas el tipo belicista y de gobierno, observadas en los regentes y en sus sucesores, y por comparaciones con otras sociedades o primeros ensayos de globalización, se procedió a dejar o encargar la gobernabilidad entre los factores pertenecientes a los consejos o castas, prefiriéndose la continuidad del esquema de relevo anterior pero con mayor participación o inclusión de otras castas en el relevo y el ejercicio gubernamental.

Pero del mismo modo siguieron produciéndose fallas significativas tanto cn la escogencia de los guías o regentes, como en la gobernabilidad y la escogencia de los gobernantes, por lo que a medida que crecía el número global de las castas y su miembros, igual fue creciendo el número de castas rezagadas y de individuos prácticamente desprovistos de casta o linaje alguno.

Estos últimos factores fueron creciendo tanto, a tal extremo que como factor cuantitativo llegaron a representar gran peso en las sociedades, como del mismo modo dentro de esta plebe o pueblo, comenzaron a surgir y adquirir notoriedad grandes figuras de las ciencias, las artes, el comercio, la filosofía e incluso la política gubernamental, etc.

Luego en virtud de estos virtuosos, estos mismos comenzaron a ejercer cargos regentes de las sociedades, pero luego en virtud de esos virtuosos: pero no ellos mismos, sino admiradores, seguidores, fanáticos, entrecolados, camuflajeados y toda suerte de alimañas, consiguieron que se perdiera la perspectiva del virtuosismo propio como figura de la regencia gubernamental,

Lo que dio pasó a que toda suerte de alimañas se les permitiera cabida en la regencia de las sociedades por vía cuantitativa de elecciones o se la tomaran los llamados gorilones y facinerosos mediante factores de facto como los golpes de estado o las revoluciones izquierdistas.

Esa es la situación actual donde las sociedades se encuentran divididas entre el buen escrutinio del centro político y las ideopatías de izquierda y derecha, sumándose a estas una especie de falso centro y de paracentrismo, siendo el pseudo centrismo, cuando se ejerce el centro político desligado del sus verdaderos conceptos, y el paracentrismo, cuando factores de izquierda o derecha, procuran invisibilizar al centro político ante la sociedad.

Precisado este breve compendio histórico que he hecho sobre la regencia y escogencia gubernamental, procedemos con la depuración de los tres factores básicos gubernamentales en estudio, según la condición absoluta o relativa de cada uno.

Puede decirse que desde un principio, la intensión con criterio gubernamental estuvo bien encaminada hacia el factor absoluto, pues la consanguinidad cumple con tal criterio, pero la consanguinidad no puede factorizar por sí misma, y bajo ese criterio resulta un factor relativo, como cualquier otro.

Esta relatividad de la consanguinidad hizo que finalmente dejara de ser el factor regente de las sociedades, pero no desapareció el criterio absolutista, al menos por completo y es que este criterio tiene su lógica, pues un régimen que no aspire tal principio: no se sentiría esmerado gobernar de la mejor manera pues, de todos modos estaría sujeto a un relevo obligado.

Cuando el régimen tiene criterio absolutista, es algo que tiene su máxima lógica, pero solamente si los gobernantes también estarían sujetos a criterio verdaderamente absolutista, lo cual, en síntesis es lo que siempre han perseguido las sociedades, por lo que solo resta depurar cual o cuales serían los factores verdaderamente absolutos.

Factor Absoluto Como Figura Regente

Analizando los diferentes factores o atributos humanos que generalmente son tomados en consideración con fines gubernamentales, tendríamos la consanguinidad, la popularidad, el carisma, experiencia, juventud, retorica, combatividad, el nivel profesional, a estos le añadiríamos la inteligencia, ya que siendo el único factor absoluto, casi no aparece en los perfiles,

Consanguinidad, Popularidad, Carisma

Sobre *la consanguinidad* ya hemos hablado, mientras que *la popularidad* y *el carisma*: casi siempre van de la mano, y ambas son atributos propios tanto del líder como de los seguidores, pero no siempre son correspondidos entre unos y otros, porque no siempre atienden o persiguen los mismo objetivos, bien sea de calidad y cantidad, y porque siendo factores muy importantes, son usados por aprovechadores de oficio para engatusar a la gente.

Experiencia

La experiencia: resulta vital para un gobernante, pues representa el acumulado de vivencias que serían necesarias tener a la mano en momentos oportunos, sobre todo en la rutina gubernamental, pero no siempre en lo novedoso o que sale de la rutina, esto obliga que el individuo se mantenga actualizado en base al interés nacional.

Juventud

La juventud: es un factor relativo secuencial a la experiencia, pero no necesariamente antagónica, solo que la rivalidad política los antagoniza, al adulto le dicen que ya su tiempo pasó, y al joven que es muy inmaduro para gobernar, a su favor los seguidores dicen de los adultos que los momentos exigen a alguien de gran experiencia para gobernar, y de los jóvenes que traen una nueva visión de gobierno que ha estado haciendo falta.

Retorica

La retórica, si solo se utiliza para demostrar que el candidato dispone de una gran memoria capaz de dar discursos durante horas sin necesidad de asistirse por un escrito, indica que efectivamente posee gran memora y que sabría comunicar, pero no necesariamente gran inteligencia y ese es el gran problema del común de los ciudadanos, que tienen la tendencia de confundir una gran memoria con gran inteligencia.

Nivel Profesional

Nivel profesional, es casi igual a la retórica, pero más depurada y mejor aún, si la acompaña una significativa inteligencia lo cual es extremadamente útil si es inherente con la función gubernamental que se pretende ejercer, sobre todo de cargos subalternos, como ministros o su equivalente en los cargos regionales.

Inteligencia

La inteligencia, a diferencia de cualquier otro, la inteligencia es el único factor que tiene la capacidad de definirse a si misma y a los demás, pues todos los restantes factores necesitan de una inteligencia que los defina, lo que la convierte en un factor absoluto.

En la definición de la inteligencia siempre ha habido polémicas, lo que indica que no existe una única definición, lo que la convierte en un paradigma, que a su vez llama a definir incluso el diccionario como la plataforma central de definiciones muy concretas o de mayor aceptabilidad, con esto tenemos claro que en el diccionario no todo lo definido es concreto.

En cuanto a la definición de la inteligencia, ya ofrecí un contexto que lo considero el único y verdadero. El cual cito de manera textual:

Podríamos definir la inteligencia como: una entidad capaz de deliberarse factorialmente a sí misma y a las demás, y puesto que la inteligencia es el único factor que cumple con tal criterio, entonces la definición que aplica para la inteligencia sería: es la única entidad capaz de deliberarse factorialmente a sí misma y a las demás.

Esta exclusividad se debe a que efectivamente existen entidades que se deliberan a sí mismas y a las demás, pero no de forma factorizada, tal es el caso del instinto, que pude establecer deliberaciones de resguardo o ataque entre otros, pero no lo hace en forma factorizada.

En cambio: la inteligencia puede establecer deliberaciones factorizadas, tales como: realizar operaciones matemáticas, armar o desarmar estructuras bajo diferentes criterios, establecer patrones gramaticales, de sonido, de color etc. LML

Por tanto siendo la inteligencia el único atributo o factor absoluto que pueda disponer un candidato, y requiriendo la gobernabilidad un criterio preferencialmente absoluto, se establece que como factor principal para la escogencia de un candidato gubernamental, se debe partir del nivel de inteligencia que este posea sobre cualquier otro candidato.

Puesto que inteligencia posee la propiedad singular de definirse a sí misma, siempre va a estar perfeccionándose inteligentemente, lo que garantiza la mayor estabilidad, donde los relevos serían casi de la misma manera que los de tipo consanguíneo, pero con la variante que difícilmente el relevo sería hijo del gobernante a relevar, salvo en los extremos caso que el hijo reúna los criterios de inteligencia que el gobernante padre.

En este caso no existiría la problemática figura de nepotismo, puesto que la gobernabilidad se estaría definiendo en base a la inteligencia y no en base a un coincidente factor consanguíneo.

De todas maneras no existe un método que permita determinar con absoluta precisión el nivel o coeficiente de inteligencia (IQ) de un individuo y porque si bien la gobernabilidad requiere de la inteligencia como factor absoluto, no necesariamente el gobernante gobernará de manera absoluta, sino que lo hará mediante la concertación con otros individuos de inteligencia mayor, igual o muy próxima a la del líder.

El perfil del candidato inteligente debe contener los factores que comúnmente se exigen a los candidatos en la actualidad, a los que habrá de añadirle factores religiosos, pues la política es el complemento de la religión, pero cuidando que sea un régimen laico o seglar.

Liderazgo Inteligente

El líder inteligente debe tener el mayor dominio posible en el mayor número de especialidades posible, por lo que será un líder genérico o multi especialista, mientras que los lideres subalternos, serán especialista exclusivos en las diferentes especialidades sectorizadas, sobre todo las de tipo ministerial que se observan en casi todas partes.

En este caso es bueno tener presente que para efectos del liderazgo genérico, poseer una titularidad universitaria puede ser relativa, pues o no existe o sería prácticamente imposible formal a un especialista genérico a nivel universitario con todo el conocimiento de cada una de las especialidades.

Incluso pretender formar a un especialista universitario que tenga dominio en toda la especialidad macro de la medicina para dar un ejemplo, resulta igual de prácticamente imposible, por ejemplo se puede formar a un médico en solo unas pocas especialidades sectoriales de la medicina, pero no en todas, igual ocurre con el derecho, la ingeniería, etc.

Se hace necesario que los líderes genéricos aspirantes a gobernaciones principales, como presidente del país, gobernadores de estado y alcaldes, posean criterio de propiedad en las distintas especialidades, con un nivel igual o muy aproximado al de los especialistas de máximo nivel, no tanto en cantidad ya que resulta prácticamente imposible, pero si en calidad.

Al igual que este líder genérico principal y los especialistas, también se tendrán a otros líderes genéricos del nivel igual o parecido al líder genérico, quienes en conjunto conformaran una especie de consejo oficialista permanente.

Para efectos gubernamentales tanto los miembros del consejo oficialista permanente, como todo ciudadano con capacidad de aspirar a gobernante, pertenecerá a cuatro sectores cronológicos por edad, que serán: un primer sector por individuos menores de 18 años, preferiblemente con participación preparatoria, el segundo por individuos con edad comprendida entre los 18 y 33 años, el tercero con una edad comprendida entre los 33 y los 45 años y el cuarto por individuos mayores de 45 años.

De este modo se podrá hacer un seguimiento permanente a los gobernantes y aspirantes a serlo, de modo que se pueda tener bien establecidos los diferentes perfiles de cada uno, y no sea como hasta hora, donde muchos desde un total anonimato, aparecen como unos relámpagos solo en épocas de campaña electoral, tratando de pescar en "rio revuelto".

Electores Absolutos

Ahora que tenemos el perfil del liderazgo principal, procederemos con el perfil de los electores absolutos, estos tendrán un perfil con cualidades intermedias entre al del liderazgo principal y los electores relativos, y que por orden natural, representan cerca del 40% de la población, en cada país, unos más, otros menos.

Este sector intermedio representan al grueso de los ciudadanos con titularidad universitaria y educación media aprobada, además de ciudadanos destacados en las más variadas actividades de la vida nacional e internacional, pero cuidando que líneas generales no se esté simplemente "corriendo la arruga", por lo que habría que tener mucho cuidado que el voto de menor nivel no sea decisivo sobre los de mayor nivel.

Por tanto de ser necesario, y es muy posible que lo sea, no toda la votación de este sector se tomará como homogénea, sino que habrá que sectorizarla en grupos de selectividad donde la votación de un sector menor no se contará como válida sobre la votación de un sector mayor.

Los Rezagados

Ahora los ciudadanos del tercer sector: a quienes genéricamente les catalogaremos como los rezagados, estos no es que no votaran, pues en realidad si lo harán, pero solo para dejar constancia de su visión u opinión sobre la gobernabilidad del país y los demás sectores.

Quienes aspiren a tener un voto de mayor envergadura, simplemente que hagan como los demás. Por ejemplo que estudien y alcancen un nivel educativo igual a los de mayor capacidad de decisión, o que crezcan en virtud y méritos como lo han hecho estos adelantados ciudadanos.

Pretender ejercer derechos de superioridad mediante uso de la violencia, sería un acto caníbal y de consecuencias imprevisibles, por lo que quedará establecida algunas máximas como: o la paz de los salones de clases o lo impredecible de la violencia.

Obviamente los extremistas preferirían apostar a la violencia que siempre les ha acompañado, pero ahora de nada les serviría porque no les será reconocida ninguna autoridad pretendida por vía de facto, en el supuesto negado que pretendan ejercerla, y ni siquiera por vía pacífica, pues el liderazgo regente le corresponde es a los más inteligentes y por definición de la inteligencia misma, ella es centrista y alejada de los extremos.

La simbiosis de los ciudadanos rezagados, siempre ha sido en extremo preocupante, pues son muy inestables en cuanto a toma de decisiones, ya que pueden cambiar de parecer muy fácilmente según las circunstancias, y a quienes no sería raro llamarlos los circunstancialistas.

Ellos igual pueden asumir una postura de extrema adhesión a una causa y luego sin ton ni son, pueden pasar a asumir otra postura, incluso diametralmente opuesta o contraria a la anterior, esto les ha hecho desarrollar una alta capacidad de mimetismo que les permita camuflajearse según las circunstancias.

Una cosa es lo que las circunstancias naturales les indican y otra muy distinta puede ser la que le indiquen factores reguladores artificiales de las circunstancias, donde las circunstancias mismas y los factores que las originan en apariencia serían relativos.

Generalmente actúan en defensa de la supervivencia, por motivo de los ataques permanentes de hambre y demás necesidades, y como salida optan por rendirse a casi cualquier factor que les garantice así sea un mínimo de alimentación, pero este mínimo a veces parte de una negociación donde procuran un máximo posible, pero la escases real generalizada de otras opciones, le hace ceder.

Generalmente, cuando no han cruzado lo que llamaríamos la línea del invicto, procuran salvaguardar algunos valores, reales o relativos, tales como la vergüenza laboral, donde algunos trabajos de menor nivel son vistos como ignominiosos por la matriz bruta, pero muy dignos por la matriz sensata.

En otras ocasiones tras continuos y severos derroteros, cuando ya casi no queda invicto que salvaguardar, entonces la matriz bruta hace plaza en ellos, y casi no se esfuerzan en al menos procurar un buen escrutinio operativo o average entre lo bueno y lo malo.

En este aparte prefiero mencionar algunas particularidades con relación a la virginidad, en este caso, a veces el problema no es tanto perderla, sino la forma y el tiempo en que se pierda, tanto para hombres como para mujeres, ya que podría ser ignominioso perderla a cambio de dinero, objetos de valor, por motivos de promiscuidad.

En otras el problema es perderla antes del tiempo que el estatus sensato tendría estipulado para ello, y que superado tal tiempo, entonces se seguiría manteniendo la condición de virgen pero como estatus, tal es el caso de la virgen María madre de nuestro señor Jesucristo, quien aún haber perdido la virginidad y llegado a tener varios hijos de todos modos mantiene el estatus de virgen.

Una vez derribados los invictos de los rezagados, algunos procuran replegarse a otros escenarios donde no los conozcan, y procuran comenzar una nueva vida, donde no sientan la carga ignominiosa del pasado reciente, de todos modos paulatinamente los nuevos vecinos se van enterando de cosas relacionadas con ellos y van formando caldo de cultivo para el chisme.

Las vicisitudes de los rezagados son tan extravagantes que el cine y similares acostumbra a realizar sátiras de sus desventuras, como el caso donde estando un rezagado en un sitio, se le acercan unos sujetos y les preguntan si quiere ganarse un dinero extra, a lo que contesta el rezagado preguntando: a quien quieren que mate?.

Con esto casi siempre dan a entender la realidad de algunos rezagados, y es que por dinero son capaces de hacer casi cualquier cosa. En este grupo extremo entran los llamados sicarios o asesinos por encargo.

Escrutinio Fncp

Estas situaciones tan extremas, pero que de alguna u otra forma son tenidos como normales por los rezagados, les viene por motivos de derroteros que irónicamente ellos mismos van forjando, tal como intentar justificarse en sus desventuras y derrotes, con frases como: la necesidad tiene cara de perro, y en base a esto lo que hagan o no hagan tendría un sentido valido dentro de lo irónico y lo grotesco.

Este tipo de situaciones no es exclusivo de los rezagados, pero si es frecuente en ellos, en los sectores de vanguardia ocurre en casos de robo bajo amenaza de muerte, amenaza de ruina, amenaza de escándalo, secuestro: en este caso la necesidad cara de perro, a veces obliga a la víctima a ceder algunos valores morales del tipo afectivo y se origina el llamado síndrome de Estocolmo.

Por motivos obvios, nos referiremos al *factor necesidad cara de perro* mediante las siglas *Fncp*, lo que no es más que un eufemismo, que serviría para salvaguardar principios circunspectos, y para ahorrar espacios de escritura.

143

Es común que las circunstancias ataquen a todos los sectores, solo que algunos están en mejores condiciones para enfrentarlas que otros, y en ocasiones algunos piensan que atacando a factores afectados por ellas, las estarían alejando.

Entre los casos más recurrentes se encuentran el ofender o mofarse de alguien caído en desgracia por motivo de enfermedad, ruina económica, etc., últimamente se le cataloga a estos factores ofensivos como *bulling*.

El bulling funciona como una especie de *"alimento para el monstruo"*, en relación a que el grueso de los individuos estigmatizados, van acumulando una terrible carga de odios y rencores, potencializados por los factores de izquierda, como mecanismo de acceso al poder gubernamental.

Cuando en ocasiones finalmente lo logran, destilan esa carga sobre los sectores que ellos consideren más representativos del bulling, los cuales actúan netamente como factores de derecha.

Los paradigmas que intervienen en estos casos son extremadamente irónicos y paradójicos, pues los izquierdistas son un factor netamente parasitario, a quienes no les conviene que los rezagados abandonen su condición, pues de lo contrario perderían buena parte de su soporte de base, y a veces lo declaran públicamente.

En cuando a la derecha, solo quedan los herederos de la derecha del pasado pero convertidos en factores de centro. A tal efecto que no sería raro catalogar a la derecha referida por los izquierdistas como *el enemigo fantasma*.

Si en realidad estuviera viva, desde hace mucho tiempo hubieran hecho morder el polvo a los izquierdistas, pues lo derechistas eran más sofisticados para el combate que los izquierdistas e igual de crueles.

Todo parece indicar que el gran objetivo de los izquierdistas, sería la conformación de una nueva derecha que sustituya a la del pasado, pero que esta nueva derecha sería de tipo mugrienta, pues la del pasado representaba a factores nobles, que luego se fusionaron con la plebe, pero manteniendo la perspectiva exquisita.

En cambio esta nueva derecha mugrienta, no proviene de una nobleza como la del pasado, sino de la mugre y el fango: los mismos izquierdistas se jactan de ello, además que procuran adoptar factores representativos de la derecha, tales como la burguesía y la oligarquía, no así de la aristocracia por motivos de una obvia incompatibilidad.

Lo de burguesía les viene porque procuran ostentar los iconos de la vieja derecha y sus herederos, tales como casas suntuosas, autos, joyas, relojes, vestuarios, yates, aviones, Etc., y generalmente no disimulan en lucir las marcas de tan esquistos productos.

Lo de oligarquía les viene porque oligarquía significa gobierno de un grupo, y ellos procuran acaparar o tener domino sobre todos los factores de control del estado, conformando un régimen de corte absolutista tiránico.

Resultando en extremo irónico y paradójico que todos lo que reprochaban a los demás, ellos mimos hacen todo lo posible por emular y ostentar.

No les importa que sobre ellos se diga en relación al viejo adagio: *aunque la mona se vista de seda, mona es y mona se queda.* Pero como va a importarles?, si lo que más anhelan es disfrutar de botín que como producto del expolio de los recursos de las naciones, son llevados por la perversidad de ellos y el lumpen social.

Coalición Nacional Única

Definidos los tres sectores básicos con propósitos de gobierno, pasaremos ahora a definir la configuración organizativa que debe imperar para efectos de gobernabilidad, esto tiene como propósito impedir los traumas que se generan bajo los esquemas gubernamentales de todo o nada.

Este todo o nada tiene su origen en la configuración electoral donde la formula política que obtenga la mayor votación, puede gobernar de manera absolutista, apoderándose de todos los cargos principales, dejando al resto de las formas políticas, sin ninguna participación, o apenas una participación efímera e ignominiosa.

Para evitar esto se hace necesario crear la coalición nacional única de cada país, esta fórmula de coalición tendría rango supraconstitucional, y será la única vía de acceso al poder gubernamental, o sea: quienes no pertenezcan a la coalición, no podrán participar en elecciones gubernamentales.

De esta manera todos los ciudadanos serán de corte oficialista, tanto los capacitados para el voto absoluto, como los de voto relativo, con lo que del mismo modo quedaran sin efecto la ignominiosa figura de la oposición.

Puesto que las leyes y decisiones se tomaran en base a la rigurosidad legal del sistema según la comprobación de los más inteligentes, esto permitirá ir depurando Al Consejo Oficialista Permanente, en base a los integrantes de mayor correlación armónica.

Esto evitara las participación chantajista y extorsiva de aquellos grupos que como hasta ahora, solo les resulte valido levantar la mano a manera de voto, para que en caso de ser voto decisivo se pueda aprobar o no una moción de censura o de confianza, o cualquier otro planteamiento.

Las votaciones de mero tipo cuantitativo son una vía que permite el parasitismo de una forma muy tonta, púes factores con mayor criterio de propiedad o propietariedad cualitativa que otros, prácticamente permiten ser despojados y expropiados por la simple mayoría electoral.

Las instituciones de mayor envergadura generalmente procuran un inteligente y solido resguardo frente a este paradigma, como en los casos donde la propiedad de algunas de las acciones de una empresa, no entran en juego para algunos efectos de votación.

Igual sucede en el Consejo De Seguridad De Las Naciones Unidas, donde las principales potencias se reservan el derecho a vetar cualquier resolución que consideren necesario. No así y de manera lógica en las decisiones de los miembros de la Asamblea General, donde las decisiones son por simple mayoría de votos pero sin veto.

En los países donde sus destinos se deciden según la simple mayoría electoral, que de hecho es en casi todos, sin acogerse a las leyes naturales del rendimiento y cualidades humanas, simplemente *tienen abiertas las puertas hacia el abismo*, pues, o ya han caído en el o el solo hecho de mantenerlas abiertas ya en un insensatez extrema.

La implementación de este paradigma resuelto en el papel, no luce fácil implementarlo en la realidad, pues muchos factores de centro tienen una buena base de sustentación precisamente en los sectores rezagados, conformando una simbiosis Fncp de parte y parte.

Mientras que en los países donde se ha formado una tradición democrática electoral, la gran mayoría de los rezagados ya poseen una conducta desarrollada hacia el voto decisivo.

Por tanto buena parte de la implementación del paradigma resuelto en papel, dependería de la sensatez de un mínimo suficiente de los actores o de todos preferiblemente, aunque esto último luce extremadamente difícil conociendo el Fncp de algunos.

De todos modos no es absolutamente necesario que todos se pongan de acuerdo, sino un mínimo suficiente, hasta completar la calidad y cantidad necesaria para que las decisiones sean firmes.

De una relación 40% de productores eficientes y 60% de rezagados, se necesitaría que un 25% de puntos porcentuales de rezagados emigren a favor de los productivos, para que la relación de 55% productivos, 45% rezagados.

Esto indica que una vez implementado el voto cualitativo, las decisiones nacionales en materia político gubernamental se tomarían en base al 40% de la población, sin subestimar las consideraciones sensatas del voto relativo y todo esto siempre y cuando se mantenga la supremacía de voto cualitativo, al menos en los niveles superiores.

De todos modos la decisión que se tome sería válida, solo si definitivamente los rezagados adquieren la condición de votantes relativos, pero que de estos, todo el que adquiera luego propiedad suficiente en la eficiencia productiva, pasaría a votante relativamente absoluto o absoluto.

Obviamente no se trata de una medida discriminatoria, sino preventiva, cuidando que los ciudadanos en precarias condiciones educativas, productivas, morales, mentales, etc., no puedan decidir los destinos de quienes poseen sobradamente estas condiciones, o mejor dicho no puedan oprimirlos y manipulados para ir contra los más capacitados.

El cinismo político es fanático de la matriz bruta donde no importa la condición física, mental, moral etc. de los ciudadanos, púes con tal que representen un voto, mejor para ellos, pues serían más fáciles de someter mediante amenazas, manipulación, compra de voluntades, etc.

Si los rezagados se muestran favorables a los productivos, igual no se contará como absoluto el voto de ellos, pues si ese fuese el caso, igual habrá que contárselos cuando se muestren en contra.

Igualmente para implementar el paradigma resuelto, no es necesario que en todos los países estén de acuerdo, ya que sería suficiente ir implementándolo en aquellos que lo estén.

En los esquemas actuales muchos países restringen el voto a algunos ciudadanos, principalmente extranjeros que no reúnen criterios suficientes de nacionalidad para aprobar una constitución por ejemplo o reos cumpliendo ciertas condenas etc.

Solo que a partir de ahora estas medidas serán extendidas hasta los ciudadanos que como mínimo no tengan educación media aprobada o conocimientos equivalentes.

Capitulo VIII

Buenas Nuevas Para Todos

Expuesto de manera teórica la que sería la manera de implementación de paradigma resuelto, procederemos ahora a lo que sería la cristalización de algunas de las buenas nuevas predicadas en su tiempo por los santos profetas de Dios.

Aparte de las buenas nuevas, también expondré algunas ideas muy relacionadas o complementarias con ellas, estas constan de cuatro planteamientos macros, que serían: 1. Optimización de acceso a servicios básicos, 2. Optimización de sueldos y salarios, 3. Optimización alimentaria y 4. Optimización de acceso a la energía.

De todas estas propuestas, expondré en detalles solo la optimización de absceso a servicios básicos, las demás se encuentran en fase de investigación o son solo propuestas discretas.

Acceder a lo expuesto en estos planteamientos conduciría a la humanidad a disfrutar de una era de refrigerio, donde serían muchísimas las satisfacciones y pocas las calamidades, en la espera de un mundo paradisíaco donde todo sea paz.

Política De Acceso Intermedio

La optimización de acceso a servicios básicos, tiene que ver con la facilitación de acceso a servicios de salud, educación, alimentación, recreación, etc. todo esto complementario a los servicios públicos gratuitos del estado y a los servicios gratuitos de particulares y fundaciones.

Se trata de crear una opción intermedia entre lo gratuito y lo privado basado en las brechas insalvables para algunos ciudadanos que hay entre ellos, deduciendo y exonerando hasta donde sean posibles algunos costos en las instituciones de servicios básicos.

De alguna u otra forma así funcionan la mayoría de las fundaciones de casi todo tipo, pero generalmente son de acceso limitados en sus alcances por motivos presupuestarios.

De esta forma en el área de salud, entre otras, se construiría la infraestructura o establecimiento hospitalario, se le dota de los equipos médicos requeridos, de todo el personal, los insumos descartables y de funcionamiento global. etc.

Luego se separan adecuadamente lo que serían gastos mayores, como infraestructura y equipos, personal, etc., de los gastos menores, y los ciudadanos o pacientes solo pagarían estos gastos menores incluyendo el pago de todo el personal, mantenimiento y material descartable, según lo permitan sus posibilidades económicas.

La razón intermedia de esto deriva del hecho donde buena parte de los ciudadanos, que no teniendo recursos suficientes para la atención privada de algunos casos, si tendrían como pagar esa misma atención en el centro intermedio.

Del mismo modo, motivado a la problemática recurrente de los centros de salud públicos como: hacinamiento, escases de insumos, limitación de equipos y personal médico etc. y teniendo algunos pacientes algún dinero disponible para el pago de salud, pero que no les alcanza para el pago privado, pero si intermedio.

Entonces se crea la opción recién mencionada, de esta forma se estaría haciendo una gran ayuda a los ciudadanos que inexorablemente no tendrían posibilidades de pago alguno, pues se irían descongestionando los centros púbicos, al migrar gran cantidad de pacientes hacia los centros de acceso intermedio.

Igualmente comenzaría a rendir la disponibilidad de insumos y de disponibilidad de personal médico y de todo tipo, incluso del presupuesto normalmente asignado al centro público de salud, lo que permitirá la optimización de los servicios prestados por los centros públicos.

Generalmente cuando la gente reclama la construcción de nuevos centros de salud y educativos entre otros, no tiene la menor idea que no se trata de solo construir el centro, sino que se hace necesario crear una partida anual presupuestaria de funcionamiento, y ello requiere de un incremento en el presupuesto de la nación y no siempre es posible.

Mediante el acceso intermedio los gobiernos y sectores privados, podrán crear centros intermedios, sin la preocupación de gastos posteriores de funcionamiento y personal etc. pueda que solo tengan que realizar nuevas dotaciones, pues lo gastos de mantenimiento deben ser cubiertos mediante la opción intermedia.

Incluso se emitiría una factura con los costos que contengan tanto los precios que tendría el servicio privado y los precios del servicio intermedio, de esta manera se calibrará la marcha de la política intermedia.

Aparte de salud, la política de acceso intermedio aplicaría para casi todo tipo de áreas donde sea útil y necesario facilitar el acceso a los ciudadanos a las políticas públicas, donde incluso los ciudadanos de mayor capacidad productiva puedan tener acceso por motivo de la calidad operativa de los centros, lo cual serviría para financiar parte de los gastos mediante los aportes que estos puedan brindar.

Optimización De Sueldos Y Salarios

La optimización de sueldos y salarios tiene que ver con la solución del paradigma del tipo *juego cerrado* donde tanto los sueldos y salarios, como los precios de bienes y servicios, están sujetos a un inevitable incremento correlativo de inflación, lo que hace que buena parte de la humanidad se mantenga inmersa en calamidades y angustias por tal motivo.

La solución a este juego cerrado y su implementación son eventualmente factibles, pero ello está sujeto a términos y condiciones que aplican para ello, como un compromiso por parte de la gente hacia un mejor comportamiento y eventualmente por el perfeccionamiento de las legislaciones que regulan sobre derechos de descubrimientos.

Optimización Alimentaria

La optimización alimentaria tiene que ver con garantizar la alimentación a todo ciudadano del mundo a través de sus respectivos gobiernos y el esfuerzo particular de cada individuo, pero que extensiblemente también incluye la garantía de absceso a las demás necesidades básicas.

La solución de este paradigma y su implementación, también resulta totalmente factible, y primero tendría lugar una sistemática cobertura donde poco a poco se comenzarían a establecer los mecanismos básicos de implementación.

A partir de allí y en la medida tanto de las posibilidades gubernamentales como de las particulares, se irían haciendo los respectivos aportes equitativos por la parte gubernamental y según el esfuerzo de cada quien de modo particular.

Una cosa es la distribución equitativa de los recursos y otra muy distinta es el resultado final de la distribución, pues no todos tienen igual capacidad de manejo de los recursos, esto evitaría que se diga luego que los recursos no fueron distribuidos equitativamente, los cual es un grave error que se comete en la actualidad, al suponer que las diferencias que socioeconómicas que se observan, son siempre producto de una injusta distribución de los recursos.

Si bien la optimización estaría orientada a todo individuo, tendría énfasis en la optimización alimentaria y demás necesidades básicas de aquellos que se encuentren en las más precarias condiciones laborales y patrimoniales, incluyendo niños, ancianos y minusválidos.

La primera meta en este sentido estaría orientada a alcanzar una opción técnica alimentaria, esto es una ración mínima suficiente de alimentos calculada científicamente para garantizar los nutrientes necesarios de cada individuo.

Pueda que la calidad de esta ración técnica no sea de las mejores para algunos, pero para otros significaría tener garantizado de por vida un mínimo suficiente de alimentos que con frecuencia les resulta en extremo difícil conseguir, y en ocasiones algunos días no consiguen.

Una vez alcanzada la ración técnica para todo individuo, donde algunos en realidad no la necesiten, pero aun así la tendrían disponible, se procederá al alcance de la ración estándar, esto es la cantidad necesaria de alimentos en cantidad y calidad que comúnmente se consume.

Una vez alcanzada la ración estándar, a algunos individuos les pude resultar satisfactorio el consumo de forma permanente u ocasional de solo la ración técnica o una intermedia entre esta y la estándar, por lo que podrían reorientar el diferencial de garantía alimentaria hacia las otras necesidades.

Luego de esta meta de estándar alimentario, se procederá a la búsqueda simultánea de las demás necesidades básicas, como salud, vivienda, educación, esparcimiento, etc. y pueda que con relativo énfasis en la salud, etc.

De todas estas necesidades, la que necesitaría de mayor tiempo en completarse, sería la de vivienda, por la dinámica misma de la industria de la construcción, y por ser la que ameritaría mayor presupuesto, pero para efectos de propiedad y acceso, comenzaría desde el mismo momento de haber alcanzado la optimización alimentaria.

Pueda que yo tenga proyectado toda la implementación de este tipo de optimizaciones, incluso con lujo de detalles, pero al menos de momento solo expongo un planteamiento macro y básico, lo demás depende de las circunstancias.

Optimización Energética

La optimización energética está sujeta a varios paradigmas, de los cuales uno de ellos está en proceso de solución real o aparente, y tiene que ver los precios del principal recurso energético que se dispone, el cual es el petróleo.

Este paradigma tiene implícito un encarecimiento artificial de los precios, mediante un manejo indebido de la ley de la oferta y la demanda, en un ambiente donde toda la economía mundial está sujeta a este principio.

El manejo indebido se genera al no dejar que los precios fluyan en función natural de la oferta y la demanda, sino que se interviene indebidamente restringiendo la producción u oferta de crudos para de esta forma, generar desequilibrios en la demanda y encarecer los precios.

Ante tan bochornosa actitud contra las leyes de la oferta y la demanda, algunos consumidores de estos crudos intervenidos, principalmente Estados Unidos consiguieron disminuir la demanda de crudo importado, mediante la explotación de esquistos, a través del método fracking.

Esto ha ocasionado que los precios del crudo a nivel mundial hayan caído a los niveles donde siempre debieron estar o de donde nunca debieron salir, o sea: se ajustaron a los que dicta de forma natural la ley d la oferta y la demanda.

Ante tan dramática situación que viven algunos productores de crudo, que basan sus economías fundamentalmente en la exportación de crudo artificialmente encarecido, optan por jugar a una eventual caída de la industria del fracking por motivo de los costos de producción, lo que haría elevar nuevamente los precios artificiales.

Yo considero que los precios artificiales difícilmente regresen e incluso, es igualmente la conclusión de algunos notables de los países exportadores de crudo intervenido, aunque pueda que desde diferentes perspectivas.

Quienes juegan al alza, lo hacen bajo el supuesto que la industria del fracking no podría operar más allá de cierto nivel de costos por barril de petróleo, pues sería más costoso producirlo que venderlo, pero desde mi punto de vista eso no sería mayor problema.

Si los precios de producción por barril de fracking descienden hasta un nivel donde efectivamente no sea rentable producirlo, a la par que un pecio muy bajo de petróleo haría aumentar la demanda, lo que sería el piso de precios, no quedaría más alternativa que suspender su producción, pero por ello no necesariamente tendría que desaparecer la industria del fracking.

En este caso habría dos opciones a implementar: que serían el subsidio a la producción y o esperar a que los precios alcancen un mínimo suficiente de rentabilidad, lo que permitiría reiniciar la producción, esto generaría un techo de pecios, obligando a su vez a mantener a raya las intenciones especulativas del *entendimiento carteliano* OPEP (Organización De Países Exportadores De Petróleo) entre otros.

De esta forma solo habría precios justos por el barril de petróleo, en la medida del costo de producción del fracking y del petróleo convencional y de sectores que resulten afectados con un precio justo o no especulativo, lo cual es el interés de muchos de los involucrados en la industria petrolera.

Para algunos efectos esto solucionaría solo el problema de precios especulativos que afecta a la humanidad consumidora de petróleo energético, y la consumidora de petróleo petroquímico y sus derivados.

En todo caso, si los especuladores con petróleo, regresan a la vieja práctica de encarecer los precios mediante entendimiento carteliano u otros mecanismos especulativos, ocurriría sobre ellos según el antiguo refrán referido en la biblia:

2 Pedro: 21
21. Porque mejor les hubiera sido no haber conocido el camino de la justicia, que después de haberlo conocido, volverse atrás del santo mandamiento que les fue dado.
22. Pero les ha acontecido lo del verdadero proverbio: El perro vuelve a su vómito, y la puerca lavada a revolcarse en el cieno.

Pero para mis efectos el precio no es el mayor problema, sino el petróleo energético, y sus factores inherentes como la contaminación atmosférica y el calentamiento global entre otros y sus consecuencias, ya que de nada serviría tener petróleo barato si al mismo tiempo ello pone en peligro nuestra existencia.

Esto hace que mis objetivos principales al respecto vayan orientados en la sustitución del petróleo energético, pues el petroquímico si sería necesario, pero este ocupa una relación mucho menor que el energético y resulta más fácil de controlar sus males, tanto de forma preventiva como correctiva.

La implementación de nuevas formas de energía estaría orientada, al menos desde mi punto de vista, en la posibilidad de desarrollar *energía óptima*, esto es: que no genere ningún tipo de problemática como las del petróleo y otras fuentes conocidas de generación de energía.

Estas fuentes alternativas conocidas de energía generalmente son llamadas energía limpia, pero resulta problemático algunos factores colaterales de implementación, como el peligro de la radiactividad en la energía nuclear, o los daños en el ambiente para construir represas hidroeléctricas.

Además de los daños colaterales, también tienen problema de portabilidad, ya que operan en función de centrales de generación y largas líneas de distribución, lo que limita el acceso a factores móviles de tipo terrestre, aéreo y marítimo.

En la búsqueda de esta energía óptima, he explorado sobre la posibilidad de la llamada energía perpetua o perpetum mobile, pero debo reconocer que hasta ahora en todos los ensayos y proyecciones he tenido un rotundo fracaso, sobre todo severos e ignominiosos errores de cálculo.

Sobre este tipo de energía se tiene establecido que es imposible lograrla, pues no se podría obtener energía de la nada, pero eso no me desanima, así como tampoco los tropiezos iniciales, pues algo me dice que si es posible obtener energía de la nada o de algo conocido o al menos no conocido hasta ahora.

Prácticamente todas las propuestas expuestas en este libro bien sea de manera concreta o solo teórica o suposicional, son perfectamente posibles de alcanzar, pues de alguna u otra manera han sido anunciadas por los santos profetas de Dios y yo solo me limito a exponerlas tal cual fueron anunciadas u otorgándoles alguna que otra perspectiva distinta sin desmerecer las originales.

Igualmente mis propuestas van orientadas a todo individuo, tantos los sensatos como los insensatos, pero que podrían entrar en sensatez, ya que están enmarcadas en un ambiente parecido a un *tren del progreso* donde iría toda persona de indistinta capacidad productiva pero guiados por los mejores, de modo que todos avancen a medida que igualmente avanza el tren, por lo que nadie quedara varado en cuanto a progreso.

Capitulo IX

Mi Perfil Participativo

Es de hacer notar que mi perfil participativo está orientado fundamentalmente en lo que yo llamo: principio de responsabilidad participativa, el cual establece que existiendo quienes puedan dedicarse eficientemente a la realización de algunas tareas intelectuales, pudiendo o no hacerlas yo, mientras que: simultáneamente pudiendo yo realizar las tareas intelectuales que estos no puedan realizar, sería mi responsabilidad y deber hacerlas yo, y dejar las tareas comúnmente realizables a los demás.

Esto hace que casi todas las novedades que ofrezco en mis libros estén ubicadas dentro de un marco de *soluciones macro* que serían necesarias sobre cualquier otra, pues conllevan lo que sería la solución general de lo que yo tengo establecido como los más neurálgicos y correlacionados entre ellas mismas y otras problemáticas.

Siempre han existido soluciones maravillosas para muchísimas cosas, a través de la ciencia, el arte, la filosofía etc. algunas de ellas perduran, otras cumplen un ciclo de utilidad y luego desaparecen, pero no obstante el mundo sigue lleno de problemas, pues no todas las maravillas están al alcance todos.

De esto tenemos que aún siguen existiendo problemáticas generalizadas como las calamidades que generalmente rodean a la pobreza, y es en ese porcentaje o sector de ciudadanos mi mayor preocupación, pero que igualmente siento que se hace necesario optimizar algunos parámetros de los operadores de mayor potencia para conseguir los fines propuestos.

No necesariamente mediante donaciones, lo cual esa una fórmula que ha servido de gran ayuda, pero indudablemente ha resultado insuficiente, sino mediante el esfuerzo y trabajo conjunto entre todos los operadores, lo que implica que los operadores potentes igual recibirán beneficios por tal cooperación.

Pues en parte la ayuda necesaria para los pobres que yo vislumbro, implica hacer que estos de alguna u otra forma vivan como los ricos, solo que no necesariamente tienen que ser ricos como tales, sino que incluso seguirían siendo pobres pero sin las calamidades que generalmente rodean a la pobreza.

Esta solución ideal implica la optimización del ingreso, sobre el abaratamiento y la gratuidad de las cosas, lo cual forma parte de la formulas históricamente más utilizadas, tampoco contienen la limitación operativa de los operadores de mayor potencia, sino todo lo contrario, pues se hace necesario optimizar su operatividad, pues sin su apoyo yo considero que a los pobres les resultaría prácticamente imposible abandonar las calamidades que le rodean.

Yo aplaudo y celebro los altos índices de desarrollo, pero me perturba conocer que aun existan algunos índices de rezagados o desarrollo inalcanzado, esto hace que sea necesario poner al alcance de los pobres, los patrones mediante los cuales los ricos han conseguido holgura económica y en realidad estos son relativamente fáciles de alcanzar, tal como efectivamente a diario hay individuos que abandonan las calamidades de la pobreza, siguiendo los parámetros de los holgados económicamente.

A su vez esto va enmarcado también según mi condición de discípulo de nuestro señor Jesucristo, en la ayuda que como súper capacitado intelectualmente, donde puedo vislumbrar de una manera relativamente fácil con gran esfuerzo algunos parámetros que a los demás les es difícil, utópico o hasta imposible conseguir, debo brindar a todos con énfasis en los de menor capacidad.

Mateo 11: 30
28 Venid   a mí todos los que estáis trabajados y cargados, y yo os haré descansar.
29 Llevad mi yugo sobre vosotros, y aprended de mí, que soy manso y humilde de corazón; y hallaréis descanso para vuestras

almas;

30. porque mi yugo es fácil, y ligera mi carga.

De esta forma entre muchas otras, en situaciones como la libertad que tanto ha costado definir correctamente, mi tarea permite pedir a quienes padecen o les preocupa la de falta de libertad propia o ajena, que intercambiemos esa pesada que les resulta muy difícil de llevar, y tomen la mía (el paradigma descifrado) que resulta muy fácil cargar.

Igualmente con la pesada carga de la adicción a factores que generan adicción degenerativa, denme esa pesada tarea a mí que yo se las resuelvo, pues para mis soluciones son fáciles de llevar. También el caso de la Coalición Nacional Única, donde tanta gente sufre mediante la pesada carga de polarización gobierno - oposición o mayoría - minoría, y que mis soluciones elimina de manera fácil esa pesadísima carga.

También propongo el intercambio de las pesadas cargas de procurar alimentos y demás necesidades básicas, por mi ligera carga muy fácil de llevar, así como intercambiar pesadas cargas con quienes tienen que comprar y o vender, cobrar y o pagar, etc.

Por ultimo las soluciones macro que permiten desprenderse de pesadísimas cargas con peso histórico de amarguras y imposibilidad global de solución, mientras que mis soluciones permitirían incluso alcanzar la anunciada y anhelada era de refrigerios.

Del mismo modo mi perfil participativo va orientado principalmente hacia la exploración, selección y desarrollo de aquellos factores que tendrán mayor envergadura y utilidad global, tanto desde el todo hacia las partes preferiblemente, como desde las partes hacia el todo.

Esto también indica que siendo yo de ocupación o especialidad generalista, tengo dominio de un alto contexto de muchas especialidades, pero sin mayor dominio que un especialista tipo en ellas, pero posiblemente mayor dominio que casi cualquier generalista, sobre todo como innovador.

Igual debo decir que tengo conciencia plena de lo extravagante que puedan resultar a algunos el contenido de muchas cosas que expongo, pero que se trata en parte de eso, y no sería difícil escuchar a los incrédulos de oficio, hacerse eco del beneficio de la duda que yo mismo otorgo, a lo que dirán que lo mío no tiene nada de divino, sino que simplemente son cosas de delirios y psicosis o del licor y las drogas.

Hechos 2; 12,13
11. tanto judíos como prosélitos, cretenses y árabes, les oímos hablar en nuestras lenguas las maravillas de Dios.
12. Y estaban todos atónitos y perplejos, diciéndose unos a otros: ¿Qué quiere decir esto?
13 Mas otros, burlándose, decían: Están llenos de mosto.

Develar algunos secretos, no estaría permitido sin que antes se cumplan algunos requerimientos, ya que las cosas de Dios no se implementan como las de los hombres.

De esto tenemos que contrario a la forma populista de los hombres donde los candidatos y entrometidos prometen maravillas y dadivas de todo tipo a sus generalmente incautos electores o seguidores de causas de todo tipo, para de esta forma, estos dar un voto de confianza a las ofertas y ofertantes que mejor se ajusten a sus conveniencias.

En cambio, Dios prefiere que primero la gente de muestra de fe, buen comportamiento y arrepentimiento de los pecados cometidos, para de esta forma hacerse merecedores de sus favores.

A este tipo de bondad se le llama bondad merecida, pero cuando esta no se merece y aun así se otorga, se le llama bondad inmerecida, por lo que también podría ser la opción que aplique.

Bondad inmerecida fue la que Dios otorgó al hombre, que a pesar de estar bajo condena de muerte por pecado desde los tiempos de Adán y Eva, aun así envió a su hijo, nuestro señor Jesucristo como sacrificio propiciatorio, para que todo el que crea que el murió crucificado le sean perdonados sus pecados.

Igualmente se hace necesario procurar que los objetivos estén orientaos y conducidos por las mentes dotadas de la mayor inteligencia y sensatez, evitando la orientación por parte de precarios y perversos

Esto obliga a los rezagados e insipientes a procurar no promoverse ellos ni dejarse utilizar como factores presuntuosos, queriendo tener mayo autoridad hegemónica sobre los más capacitados.

Muchas de las calamidades que padecen los rezagados, son una forma de castigo por tal actitud presuntuosa, e igualmente muchas de las desdichas que padecen los más inteligentes y capacitados en general, es igualmente una forma de castigo por no agotar los extremos procurado hacer valer su derechos hegemónicos que por ley natural les pertenece.

Mateo 7:6
No deis lo santo a los perros, ni echéis vuestras perlas delante de los cerdos, no sea que las pisoteen, y se vuelvan y os despedacen.

Discrecionalidades Que Matan

En ocasiones factores discrecionales, representan un paradigma que atentan contra las defensa que deberían ejercer los factores hegemónicos sobre ellos mismos, contra factores presuntuosos de menor nivel.

Tal es el caso de por ejemplo cuando frecuentemente resulta muy raro ver a un rico presentarse como tal, en defensa de su condición y poniendo en su lugar a los pobres, o a un inteligente presentarse igualmente como tal ajustando cuentas contras los brutos.

Esto hace que se entrecuelen en el ambiente, vicios operativos sobre todo de tipo presuntuoso por parte de los factores de menor nivel, generándose graves paradigmas cuya solución depende de la voluntad de los factores hegemónicos en saber ejercer su condición y sobre todo tener la fortaleza para hacerlo.

Esta importante falla o debilidad es aprovechada y radicalizada por factores del cinismo político polarizando electoralmente en función cuantitativa el ambiente político, criminalizando a la eficiencia y victimizando la ineficiencia.

La mayor eficiencia no pude pretender ser mayoría sobre la ineficiencia, ya que la ley natural lo impide, por lo que toca es hacer valer la mayor eficiencia mediante factores cualitativos y en eso si se lleva una ventaja inalcanzable por la ineficiencia. O sea: la eficiencia intelectual tiene que hacerse respectar.

Mientras exista falta de parámetros cualitativos, sobre todo de factores intelectuales en la escogencia o selección de electores y candidatos, los pueblos quedan expuestos incluso a lo peor.

BIBLIOGRAFIA

Motivado a la muy extensa y en muchos casos: difusa bibliografía, se hace prácticamente imposible citarlas a todas, en todo caso: podrían incluirse en futuras ediciones, aquellas referencias que a común acuerdo apliquen con factibles y necesarias.

Salvo excepciones, todas las citas bíblicas son tomadas de la versión Reina Valera1960 (Rv60)

La Máxima Lógica - subtitulado: *La Geopolítica Existencial En El Reordenamiento Del Sistema*... LML
Ataque Y Contraataque - subtitulado: *Quien No Lo Conozca Está Perdido*... A&C
Aberraciones Políticas: Como Evitarlas... AP:CE
Perfección Geométrica De La Música: GePerfM.....GePerfM

www.ingramcontent.com/pod-product-compliance
Lightning Source LLC
Chambersburg PA
CBHW070653290526
45790CB00001B/301